EVERYDAY LIFE IN
SHINSHU

信州を学ぶ◉足元を探る編

日常生活からひもとく信州

——長野県立歴史館編

信濃毎日新聞社

はじめに

長野県立歴史館長　笹本正治

身近なことに疑問を持つ

長野県立歴史館の展示を見ながら、「なぜなんだろう」と疑問を感じたことはありませんか。

たとえば、原始のコーナーに縄文時代の住居（諏訪郡原村の阿久《あきゅう》遺跡）が復元されています。雪が少ない地域ならあの程度の柱で屋根を支えることができるけれども、雪が深い場所でも柱の太さや本数は同じなのだろうか。雪の多い地域に住んでいる人は、雪の重さが気になったはずです。

なぜ自分の住んでいる地域は全く扱われていないのか。あるいは近現代コーナーがなぜあんなに狭いのか。私が生きてきた時代は扱われないのか——などなど。

歴史館や博物館で大事なのは、展示品を見ながらいろいろと疑問を持つことです。自分の住んでいる地域を考え、ほかの場所だったらどうかと、比較しながらいろいろ想像することです。

私たちが日常で行動するとき、何も考えないで動くことはしません。自分の経験と付き合わせながら、こうすればよい結果が得られる、こうした方がよりよい効率を得られるなどと、思索をめぐらせて行動しているはずです。一人ひとりは、過去の経験、現在の置かれている状況から、未来を予測しながら動いています。

歴史館で感じた疑問や想像も、それぞれ自らの経験を元にしています。行動の根っこは同じです。多くの疑問の心があればあるほど、未来への対応力も持っているといえます。

歴史学は、過去の経験を元に未来を考えていく基礎になる学問です。歴史というと年号を覚えたり、難しい地名を覚えたりと、苦手だなあと感じる人が多いようです。でも歴史学は暗記の学問ではありません。私は年号も人名も覚えるのが苦手で、記憶力は人一倍弱いほうです。それでも私が学者でありえるのは、「なぜなのか」という好奇心が旺盛だからです。「なぜなんだろう」という疑問があれば、解答を出したくなるのです。解答を出そうとすれば、深く探り、自分の考えを持つようになります。

歴史館は、歴史の好きな人だけが行くところではありません。自分の疑問を育ててくれる場所だと思って、歴史館で疑問の心を育んでください。そのことがあなたの生活を豊かにしてくれると思います。

鍵は足元の「歴史学」

歴史学は人間社会の時間経過による変化を研究の対象とし、古文書や記録といった「史料」から歴史を確認していく学問です。同じように人間社会の歴史を追求している考古学は、主に発掘品という「遺物」や「遺構」から歴史を構築していきます。民俗学は「民間伝承」から生活文化の歴史をつむぎます。

学問は公的なものであり、人類の幸せのため、未来をよりよくするための手段だと私は考えます。

信州という限定された地域の歴史を学ぶことは、信州に住む人たちが幸せになり、信州のよりよい未来を築く手がかりにならなければなりません。そして、その成果が日本全体、世界にとって役立つものでありたいと思います。

地域の主人公は人であり、よりよい未来を築くのも人です。いわゆる「信州学」はより豊かな、未来を担う人材を作るための学問ともいえるでしょう。信州の歴史の主人公になるのも、信州の追求を通して恩恵を受ける中心も、信州という地域に住む人たちであるべきです。「信州学」は私たち自身のための学問なのです。

普遍性が重要で、地域性に重きを置かない学問もありますが、狭い地域限定の「信州学」はどちらかというと地域性を追い求めます。これを通じて信州に誇りを持ち、精神的な豊かさ、心の豊かさが涵養《かんよう》されることに期待します。その上で、信州以外に住む人にとっても有益な学問になるかもしれません。


信州の未来は、信州の過去の長い歴史の向こうに築かれます。未来を創造するとき、素材として持っているのは、過去と現在しかありません。きちんと足元の過去を認識しないで、よその知識だけで新しいことをしようとすると、足元をすくわれてしまいます。

一般的な歴史書には、東京や京都のこと、中国やヨーロッパのことは書いてあっても、足元の市町村については触れていません。大学入試では、どれだけ地元のことを知っていても、評価の対象にしてくれません。だからといって、自分が住む地域に歴史がないわけではなく、地域の歴史の重要性は京都や東京に劣りません。一人ひとりにとっては、住んでいる場所やふるさとの歴史の方が重要だともいえます。

もっとも大事なのは「私」です。私があって家族や恋人がいて、その周囲へと関係が広がっていきます。水面に石を投げたとき、中心の波紋が私であり、その波紋が家族から世界へと広がっていくのと同じです。自分に最も近い場所こそ足元であり、自分の住む地域です。その波紋の先が住んでいる市町村、そして長野県、日本、アジア、世界という広がりになるのではないでしょうか。

信州には県立歴史館がある

長野県では、長野県と同義語として信州、信濃国が使われることが多くあります。「信濃国」とは、律令《りつりょう》制で定められた行政単位の1つです。国は奈良時代から明治時代の後期まで、日本の地理的区分に用いられました。明治政府は長く続いた国を分割したり統合したりして、道府県を設けました。

長野「県」とは、前近代の「国」とは全く異なる行政組織です。広域の地方公共団体である都道府県は、地方自治の基盤である市町村をとりまとめたものです。にもかかわらず、長野県では信州・信濃国＝長野県と理解されています。背後には、長野県が誕生した複雑な歴史と「長野」という言葉に寄せる多様な県民感情があります。

「長野学」あるいは「長野県学」ではなく、「信州学」という言葉が選ばれたこと自体に、長野県の歩んできた独自な歴史があります。それを自覚しないまま、簡単に言葉が使われているように私には感じられます。「信州学」を称する以上、歴史の重さを自覚していかねばなりません。ここにも歴史館が「信州学」を取り扱う意義があります。

信州という地に根ざした歴史、さらに長野県を構成する市町村、それより狭い共同体の単位となる地域と、足元の歴史に目を向けていくことが、地域や市町村、県の未来につながると考えています。

私たち長野県立歴史館が、信州の歴史をどのように考えているか、どのようにアプローチしているか、お楽しみください。

本書が、読者の皆さんが足元の歴史に目を向ける一助になれば幸いです。

日常生活からひもとく信州◉もくじ

column

1 信州人の装い

麻と信州の浅からぬ関係

古代信濃の特産品

奈良時代の重要な品々が収められている東大寺（奈良市）の正倉院に、信濃国の印がある麻布（白布）があります。

「麻」「絹」「木綿」の3種類は日本人の衣服の主要な原材料でした。このなかで最も古くから使われているのが麻です。そして、麻は信州を代表する繊維素材でもありました。

正倉院の麻布には、墨で書かれた「筑摩《つかま》郡山家郷《やまんべごう》」（松本市里山辺）という文字や筑摩郡の役人の名前も残っています。当時の信濃で作られ、都に税として納められたことを示しています。この麻布で作った袴《はかま》は都で働く役人に作業着として支給されました。

麻布の衣服は大切なもので、長い間、信濃の布は特産品として有名でした。ちなみに、麻の原料となる大麻《たいま》と似た植物に苧《からむし》があり、大麻が麻、苧は紵《お》、苧麻《ちょま》などとも呼ばれる植物繊維に加工されます。古代・中世はそれから作る布について、原材料の違いが明らかではないので、ここでは苧なども含めて麻とします。

平安時代から鎌倉時代の初めまでは、都に納められる一定の品質の布はみな「信濃布《しなのふ》」と呼ばれました。ほかの地域が産地であっても、品質のよい麻布はすべて信濃布と呼ばれたのです。それまで、信濃産の布が大量に貢上され、高品質であったことから、麻布の代表として呼ばれるようになったと考えられます。

古代の信濃国と麻布の関係がうかがえる資料として、平成6（1994）年、屋代遺跡群（千曲市屋代）で飛鳥時代（約1300年前）の木簡が出土し、そのなかに「布手」という人名が列挙して書かれているのが見つかりました。古代の「布」が麻布を指すことはわかっています。「手」は、選手や運転手と同様、働き手を意味することから、麻布の生産に集団で従事していた人々を示していると考えられています。ほかにも、麻布が賃金として記されている木簡や、布という字を練習した木簡なども見つかっています。麻布が大事なものだったことがわかります。

内田原遺跡（塩尻市片丘）では、平安時代の麻糸や布とともに、糸を紡ぐのに用いた器具などが多数出土しました。糸と布はきわめて精密に作られてあり、山あいのムラで麻の栽培や機織りが専業的に行われていたと思われます。この糸は麻が材料と推定され、庶民の衣服として使われていたと考えられます。つまり、平安時代の信濃には「紡績のムラ」ともいえるムラがあったことが、遺跡から推定できるのです。

このように、古代の信濃では、貢納用、商品、あるいは自分たちの衣服として、麻を育て、糸を紡いで、布を織っていたことがわかっています。繊維が強靱で通気性や吸湿性の高い麻は、人々の衣服として長い間使われてきました。戦国時代から江戸時代前期に綿花が普及するまでは、衣料原材料の中心だったのです。

東筑摩郡には麻績村があります。飯田市座光寺にも麻績という地名が使われています。これらの名前が文献に初めて登場したのは平安時代で、郷名（郷は古代の地方行政の単位）として使われていました。大和政権の元で麻を績《う》み麻布を織ることを職とする麻績部が存在していたことにちなむ地名です。地名からも、古代の信濃と麻との関係がうかがえます。

ちなみに、編んだ衣服のはじまりは縄文時代までさかのぼります。実物は見つかっていませんが、発掘調査で発見された布片や土器の底の圧痕《あっこん》などから、麻などの植物繊維を編んだ編布《あんぎん》製の衣服を着ていたと考えられており、長野県立歴史館では遺跡から見つかった編布を元に衣服を復元しました。

麻の産地のいま

江戸時代に綿花の栽培が広まり、染色性に優れ、肌ざわりがよい木綿が広く普及していきますが、長野県は相変わらず日本有数の麻の産地でした。これは、高地が多いという自然環境によるのでしょう。

県内では、上水内から北安曇にかけての山間地が主要産地でした。なかでも生産が盛んだった長野市鬼無里では、青金引《あおかなびき》という麻を加工して畳の縫い糸を製造しました。最盛期には農家の9割以上が栽培を行っていたほどです。

明治時代の初め、安曇郡では7つの村が合併して美麻村ができました。この名前に決まった経緯は定かではありませんが、良質の麻の栽培が盛んであったことから麻という字を付けたと想像できます。

麻の需要は、日清戦争や関東大震災などをきっかけにさらに高まりました。昭和に入ると世界恐慌により生産は一気に減りますが、太平洋戦争中は軍需作物として全県で麻の栽培が奨励されました。

ところが戦後、麻の歴史は急転します。昭和23（1948）年に大麻取締法が施行され、麻（大麻）の栽培が許可制になったのです。現在、ごく一部の例外をのぞき、長野県内で麻は栽培されていません。古くから大事に使われてきた信濃産の麻は、突然、歴史上から消えることになりました。

木曽地域は、最後まで麻を栽培し織っていた県内の主要産地の1つでした。中世のころは「木曽の麻衣」と歌に詠まれるほどで、都でも有名な産地として知られていました。平成の大合併前は香川県に匹敵する面積があった木曽郡は、冬の気温が氷点下10度を超えるところから、お茶の栽培が盛んな温暖な地まで、気候もさまざまです。そのなかで、麻の産地として有名だったのが木曽町開田高原です。

御嶽山のふもとの山間で標高は1000m以上、稲作が難しい地理的・気候的条件であったため、麻の栽培や織物が発展しました。残念ながら、昭和の終わりとともに麻の栽培も機織りの技術も途絶えてしまいました。

開田高原の畑中たみさんは昭和54（1979）年に81歳で亡くなるまで麻を織り続けていた機織り伝承者です。昭和40年代、たみさんをはじめとする女性たちの聞き取り調査によると、機織りは女の役割であり、「麻を織れないものは嫁にせぬ」といわれるほど。子どものころから技術を身に付け、時期になると朝早くから作業を行い、ひと冬に数反から

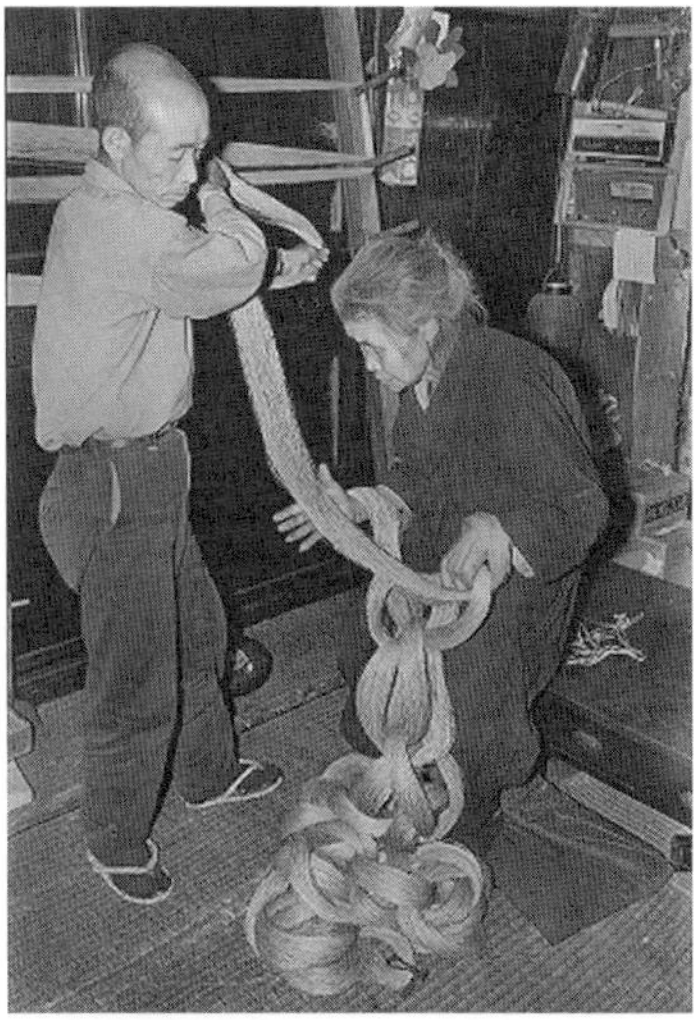

木曽開田高原の機織り伝承者だった畑中たみさんと、たみさんの織った麻布（右下）（個人蔵）

多い家では10反以上は織るために、それぞれが熟練の技を持ち、織物を見れば誰が織ったかわかるほどだったとか。たみさんが織った開田産の麻布は現在も大切に保存されています。

このように、麻と信州には浅からぬ関係があります。麻が育つ環境と信州の気候、風土の相性のよさに加え、信州の人々が自給自足的な生活のなかで得てきた知恵ともいえます。

こうした信州ならではの伝統を次世代につなげる動きも出てきています。開田高原で平成20（2008）年、地域の有志が中心となり、かつての麻織物作りを復活させようと、「開田高原麻織物研究会」が誕生しました。多くの家に残っていた機織り器具を1カ所に集め、栽培できなくなった麻の代わりに、苧を育てたり、県外や外国産の麻を仕入れたりしながら、技術を残し、生かそうという試みです。

素材や服装にみる信州らしさ

現在、長野県に住んでいても、地元産の麻、綿、絹を原材料にした衣服を着ている人はまずいません。流通している服はポリエステルなどの化学繊維のものが大きな割合を占め、「あったか／ひんやり下着」など機能性の高いものも増えています。意識されるのは、あくまで機能性やファッション性です。あえて信州らしい服装というならば、素材より「ローカルな着方・使い方」に注目するのが一般的です。女子高生が制服のスカートの下にジャージを履く、いわゆる「はにわルック」が信州発祥だと話題になったのは、記憶に新しいところです。

寒い長野県で、昔から独自に発達したのは、やはり防寒具でしょう。

テレビ番組でも紹介され、一躍有名になった木曽郡南木曽町の「ねこ」は、袖や前身頃のない半纏《はんてん》のような防寒具です。同町の伝統的工芸品である轆轤《ろくろ》細工や桧笠《ひのきがさ》などを製作するとき、邪魔にならないように袖をなくし、冷える背中だけを温めるように工夫されたといわれます。まるでランドセルを背負うような形で、背中部分の布地には、保温性に優れた綿や真綿が詰まっています。家庭ごとに伝わる型があるた

制服のスカートの下にジャージを履く姿が「はにわルック」「埴輪スタイル」などと呼ばれた
（信濃毎日新聞社蔵）

家庭によって形や作り方が少しずつ異なる南木曽町のねこ（南木曽町提供）

め、作る人によって形や作り方が少しずつ違い、できあがりの形はさまざまです。

「ねこ」という名前の由来は、「ねんねこ半纏」に語源があるとか、着ながら作業すると猫背みたいな姿になるとか、猫のようにぬくぬく温かい着物という説など、諸説入り乱れています。江戸時代中期から発達してきた南木曽の伝統工芸品とともに、服装も独自に進化してきたのがわかります。

このような工夫は多くの地域で見られます。明治時代から製糸業が盛んになった岡谷市では、生糸に向かない繭《まゆ》から真綿を作り、それを布団や半纏に詰めていました。雪深い県北部では、かんじき、蓑《みの》、わら靴などを作る際に、身近で手に入る素材を使って、その土地で使いやすいように大きさや形を工夫してきました。名前も地域や地方ごとに呼び方が違うのも微笑ましく、伝統的な防寒具には信州らしさが受け継がれています。

服装の違いは、時代はもちろん、目的や用途によっても変わります。民俗学者の柳田國男は、衣服を「晴れ着」「働くときの着物」「仕事から帰って、家にいるときに着ている着物」の3種類に分けました。さらに、住んでいる場所の気候や環境に合わせて、人は身近な自然素材を生かした衣服を作ってきました。信州人が何を着ていたかを知ることは、信州の気候や環境に合った自然素材や暮らし方を知ることでもあるのです。（市川　厚）

昭和28年の授業参観。ほとんどの母親が一張羅を着こんでいる（熊谷元一写真童画館蔵）

晴れの日の服装は

一張羅

昭和29（1954）年の授業参観の教室をのぞいてみましょう。

緊張している子がいたり、いつもどおりにリラックスしている子がいたり、子どもたちの表情は現在の参観日と変わりません。男の子は坊主頭、女の子はおかっぱで、学生服やかすりの着物を着ています。これが当時の子どもたちの普段着でした。

後ろで授業を見ている母親たちの多くは、「一張羅《いっちょうら》」の着物を着ています。なかには割烹《かっぽう》着姿も見えますが、ほとんどの母親が持っている着物のなかで一番上等な、とっておきの晴れ着を身にまとっています。戦後まもなくのこのころ、保護者にとって学校は正装をしていく場所でした。

入学式に向かう親子の写真が2枚あります。1枚は昭和29年、もう1枚は昭和60(1985)年に撮影されたものです。晴れやかな式典の日に母親たちが着ているのは、片や一張羅の着物、もう一方は「フォーマル」と呼ばれる洋装になっているのがわかります。戦争が終わって半世紀たつ間に、学校へ行く母親たちの服装が着物から洋服になったのは、流行、着るのにかかる時間や着やすさ、費用など、さまざまな理由があります。なかでも、学校という場所の位置づけが変わったことが一番大きな理由でしょう。

現在、入学式や卒業式の晴れの日には、男性の先生は、校長先生のモーニング姿をはじめ、ほとんどが礼服や背広などの洋服姿です。女性の先生は、洋服とともに、卒業式であれば袴姿も見られます。高校や大学などの卒業式でも、袴を履くのは女子学生に人気です。

明治29(1896)年に県内初の女学校として創立された長野高等女学校(現長野西高等学校)では当初、女学生は着物を着ていました。しかし、初代校長でもある渡辺敏《はやし》が活動しやすい袴の着用を強力にすすめ、数年後、同校では袴の着用が義務づけられました。やがて同校の恒例行事となった戸隠山登山では、彼女たちは袴を身に付けて急峻な山を登ったのです。

昔は学校の制服あるいは作業服のようなものだった袴は、いまでは晴れ着になっています。服装そのものの価値やイメージも、時代によって変化しているのです。

(市川　厚)

入学式の朝。着物姿の昭和29年の母親たち(熊谷元一写真童画館蔵)

昭和60年の母親たちは洋装が目立つ(信濃毎日新聞社蔵)

江戸期の庶民のお洒落事情

信州最初の生糸

信州の近代産業を語るのに欠かせない蚕糸業。生糸が信州全域で生産されるようになったのは19世紀のことです。

貞享2（1685）年に徳川幕府が中国からの生糸の輸入を制限してから、日本国内の養蚕業は飛躍的に発展しました。信州の諸藩でも養蚕業を奨励しました。

蚕の糸を何本か撚《よ》り合わせたものが生糸です。近代以降、5本ほどを撚り合わせ欧米諸国に輸出しました。日本の着物の糸の太さにするためには、さらに撚り合わせる必要があります。

この生糸から、繭《まゆ》を作る際に接着剤の役割を果たしているセリシンという膠質《にかわしつ》の物質を取り除いたものが絹（シルク）になります。セリシンが付いたままでは、ごわごわして着物になりません。

上質な繭から挽《ひ》かれた生糸は上州（群馬県）や京都に出荷されました。京都に出荷する生糸は特に「為登糸《のぼせいと》」と呼ばれました。「為登糸」の名称を確認できる最も古い例は江戸時代中期と推定される飯田町（飯田市）の問屋の文書に登場します。3796把《わ》265匁《もんめ》（約4271kg）の生糸が出荷されたことが記されています。18世紀前半には京都と取引が行われていたことがわかります。

麻から木綿へ

佐久郡八満村（小諸市八満）の小林四郎左衛門正美が安政4（1857）年に書いた「きりもぐさ」という記録があります。

小林四郎左衛門正美は寛政5（1793）年に生まれ、15歳のころから俳諧を学び、葛古《くずふる》などと号しました。文化8（1811）年には父の跡を継いで名主となり、家塾も開いて子弟の教育にも携わりました。「きりもぐさ」は小林四郎左衛門が50〜60年間にわたって見聞した佐久地方の庶民の衣食住や生活様式などの移りかわりを丹念に記録したものです。

この記録の中に、興味深い記述があります。四郎左衛門が7、8歳、その姉が11、12歳だった寛政11~12（1799~1800）年、ふたりとも夏の普段着には麻を着ています。祖母が麻糸を作り、母親が織ったものです。

四郎左衛門が24、25歳の文化13~14年（1816~17）には、「男も女も真岡染《もおかぞめ》でないと人前に出られない」と書いています。真岡（栃木県の地名）染とは細やかな模様の小紋の柄のことです。綿の栽培から糸紡《つむ》ぎ、染め、織りまでを手作業で行う真岡木綿の柄で、文化・文政・天保のころに大流行していた木綿です。真岡木綿は柄にも流行があり、四郎左衛門は「袷《あわせ》も綿入れも小紋」になったと書いています。40歳の天保2~3（1831~32）年には紺縞《こんじま》が流行し、弘化年間（1844~48）の初めごろには機織りも地機《じばた》から高機《たかばた》に変わったと記しました。

地機は床に腰を降ろした姿勢で機を織る機械で、経糸《たて》の一方を腰に固定し平織りの生地を織りました。対して高機は機に腰をかける姿勢で織る機械で、経糸が機に固定され「綜《そう》絖《こう》」（経糸を上げ下げする装置）を増やすことで複雑な織りを可能としました。後には「飛び杼《ひ》」（緯《よこ》糸を通す装置）を設置することで織るスピードも速くなりました。

麻衣料から、やわらかく温かみのある木綿衣料に変わるのと同時に、着物のデザインにもこだわる庶民の風俗を垣間見ることができます。

木綿（コットン）とは綿花・綿糸・綿織物の総称です。木綿はアオイ科の繊維作物で、花が落ちた後の子房が膨らんで皮が破れ、中から白くてやわらかな繊維があふれます。これが綿花です。綿花は繊維に種子や不純物が付いていますので、繰り綿機や綿打ち弓で取り除き、糸車を使って綿糸に紡ぎます。綿糸を織って綿織物にしました。

綿織物は室町時代、朝鮮などから積極的に輸入されました。当初は上層階級の衣料のほか、鉄砲の火縄や陣幕などの軍需用として利用されました。その後、近畿・東海・瀬戸内地方などに木綿栽培が広がります。

綿花。白い綿状の繊維から糸を紡ぐ

信州で木綿の栽培が増えてくるのは江戸中期からです。特に善光寺平を中心に、高井・水内両郡から更級・埴科両郡にかけて栽培が盛んとなります。これらの木綿は町家や農家で織られ、市で売買されました。

中馬によって、尾張・三河（愛知県）地方からも綿が大量に入るようになります。ほとんどが、繰り綿（実を取り除いた綿花）、篠巻（繰り綿を叩いて、筒状に巻いたもの）です。宝暦

13（1763）年の記録では、尾張から飯田に入ってくる荷物に2140駄の綿があったとあります。1駄は約135kgで、馬1頭に積める荷物のことです。これは、ほかの荷物の量よりも多い取引でした。出所は「近畿地方と尾張」と書かれています。

「きりもぐさ」には、文化年間（1804〜18）の末ごろまでは小袖ひとつ、帯一筋などであった結納の品が、天保の初めごろから小袖以外に下着、緋縮緬《ひちりめん》、黒繻子《くろしゅす》などをねだられるようになったと書いてあります。四郎左衛門によると「その日暮らしのものは結納金ができないので、嫁を取ることができないと泣いている」というのです。緋縮緬も黒繻子も高級な絹織物です。

一方、天保3（1832）年、伊那郡林村（下伊那郡豊丘村）の豪農片桐家の娘、おかのが嫁入りの際、持っていた着物を見てみましょう。簞笥《たんす》2棹《さお》にそれぞれ5段の引き出しがあり、着物45点、帯8点などがぎっしり収められていまます。このなかには高級な絹織物である縮緬、斜子《ななこ》、羽二重《はぶたえ》などが複数含まれ、夏物・冬物、普段着・晴れ着がそろっていました。

江戸時代も後期になると、名主・庄屋クラスを中心に豪華な絹織物が見られます。

副産物から生まれた最高級品

衣料の素材である繊維には、大きく分けて植物由来のものと昆虫や動物から作った繊維の2つがあります。

植物由来の繊維でよく使われたのが、木綿糸と麻糸です。生糸は昆虫から、羊毛は動物から作った繊維です。

どんな繊維であっても、まずは糸を作らなければなりません。

綿花や羊毛などの綿状になった繊維の固まりから糸を引き出し、撚りをかけて糸を作っていくことを「紡ぐ」といいます。麻などの茎の周りの皮をはいで細く裂き、繊維と繊維を撚りながらつなぎ合わせていくことを「績《う》む」といいます。繭から糸を取り出し、何本かの糸を撚り合わせながら1本の生糸にしていくことを「製糸《せいし》」といいます。このように糸の作り方は3種類に分かれます。

繭から糸を取るのにも、「製糸」ではなく「紡ぐ」ことによって糸を作る場合があります。

上田・小県地方などでは江戸時代、蚕種紙《たねがみ》（厚い和紙の上に、蛾《が》の卵を産ませたもの）を作り、信濃の国内や他国に売っていました。蚕種紙を製造するためには、蛾が繭を食い

糸を作る方法	繊維の名称	織物の名称	織り方または糸の状態
植物繊維			
紡《つむ》ぐ	木綿《もめん》		
績《う》む	大麻《たいま》		
	苧麻《ちょま》	越後上布《えちごじょうふ》	
		越後縮《えちごちぢみ》	緯《よこ》糸に強撚《きょうねん》をかけ、布全体に皺《しぼ》を出す
	しなのき		
	藤《ふじ》		
	葛《くず》		
	芭蕉《ばしょう》		
動物繊維			
製糸《せいし》	家蚕絹《かさんきぬ》	縮緬《ちりめん》	緯《よこ》糸に強撚をかける
		羽二重《はぶたえ》	細い絹糸で織る
		綸子《りんず》	繻子織《しゅすおり》の一種で、文様《もんよう》を織り出す
		繻子《しゅす》	織物の表面を経《たて》糸か緯《よこ》糸のどちらかだけを浮かせる
		龍門《りゅうもん》	太い絹糸で織る
		斜子《ななこ》（七子《ななこ》）	織目が魚の卵状になっている
	天蚕絹《てんさんきぬ》		
紡《つむ》ぐ	羊毛《ようもう》	毛織物《けおりもの》	
	家蚕絹《かさんきぬ》	紬《つむぎ》	紬糸で平織りする
	天蚕絹《てんさんきぬ》		

繊維と布の種類

破って出て来ないとできませんが、繭に穴が開いてしまうと糸を取ることはできません。こうした繭を「出殻繭《でがらまゆ》」といい、いわば蚕種の副産物です。

2匹の蚕が1つの繭（玉繭《たままゆ》）を作ることもあり、このような状態の繭からも良質の生糸を生産できません。出殻繭や玉繭をほぐしたものが真綿《まわた》であり、これを紡ぐことによって紬《つむぎ》糸を取ります。

経糸に生糸、緯糸に紬糸を使った織物が「紬」です。なかには経糸も緯糸も紬糸を使う「もろ紬」といったものもあります。信州には、生産する地域によって、「松本紬」「上田紬」「飯田紬」「伊那紬」などがあり、まとめて「信州紬」と呼ばれます。特に「上田紬」は鹿児島の「大島紬」、茨城の「結城紬」とともに日本三大紬の1つに数えられています。副産物から最高級品が生まれたのです。

（小野　和英）

履き物の主役はわらだった

用途も名前も多種多彩

人は時（Time）と場所（Place）、場合（Occasion）のTPOに合わせて服を変えます。季節や天候、会う人や行く場所、何をするかなどに応じて、いろいろな服装を選びます。履き物も同じです。スニーカーや革靴、サンダル、ハイヒールやブーツのほか、スポーツには種目ごとに専用のシューズがありますし、晴れの日や雨の日、洋服や和服など、さまざまなTPOに合わせて、実に多種多彩な履き物があふれています。

一般的に履き物といえば、足全体を覆う靴と、鼻緒が付いている下駄《げた》や草履《ぞうり》の類いがあります。履き物の歴史をみると、旧石器・縄文時代にははっきりとした履き物を示す出土遺物はありません。弥生時代には田下駄、古墳時代には下駄が出土しています。『日本民俗大辞典（下）』によると、古墳時代には「クツの語も伝わり地方豪族に下駄がはかれ」「奈良時代には隋や唐から閉塞性の各種沓《くつ》が伝わり、貴族や地方豪族に儀式ではかれ」、平安時代中ごろには草鞋《わらじ》や草履が作られて「庶民の労働や旅にはかれた」とあります。

いまの履き物の素材は、ビニールや布、ゴム、皮革などさまざまです。しかし、かつての履き物の素材の主流はわらで、戦後もわらの履き物は使われました。わらは、稲や麦などの茎や葉を干したもののことです。履き物を作るのに、主に使われたのは稲わらです。稲わらは、茎のなかに空気の層があるため、軽くて保温性が高く、加工しやすい素材なのです。わらで作った履き物には数種類あり、用途によって使い分けていました。その呼び名も地域ごとにさまざまでした。

わらの履き物で最も馴染《なじ》みが深いのは「わら草履」でしょう。4本の縦縄《たてなわ》を芯《しん》にして、横にわらを編み込んで作ります。形は足裏に合わせただ円形で、鼻緒が付いています。いまの鼻緒付きサンダルと同じように、ちょっとした外出用や屋内用として使っていました。戦前の小学生の上履きはわら草履で、掃除をすると切れたわらくずがたくさん集まったそうです。

いまでも草履や下駄を履くとき、土でつま先が汚れるの防ぎ、寒さや怪我から保護するために、つま先にかける「爪掛《つまがけ》」がありますが、わら草履の爪掛はわらで作られるのが普通でした。

鼻緒に木綿などの布を使ったわら草履もありました。下水内郡栄村では「クケ草履」「クケた草履」「木綿緒の草履」などと呼ばれ、よそ行き用だったようです。おしゃれなのかもしれませんが、布で切れにくく、指も痛くなかったのではないでしょうか。

わら草履と混同しやすいものに、「足半《あしなか》」があります。足半は一般的な草履より長さが短く、縦縄を絞ってそのまま鼻緒にしたので、足の指やかかとは地面に直接触れていました。当時の人は足裏の皮膚が丈夫だったのです。足半は作るのが簡単な上、鼻緒が丈夫で、土を跳ね上げなかったので、わら草履より気軽に利用されていました。栄村では、主に水田などに履いていい

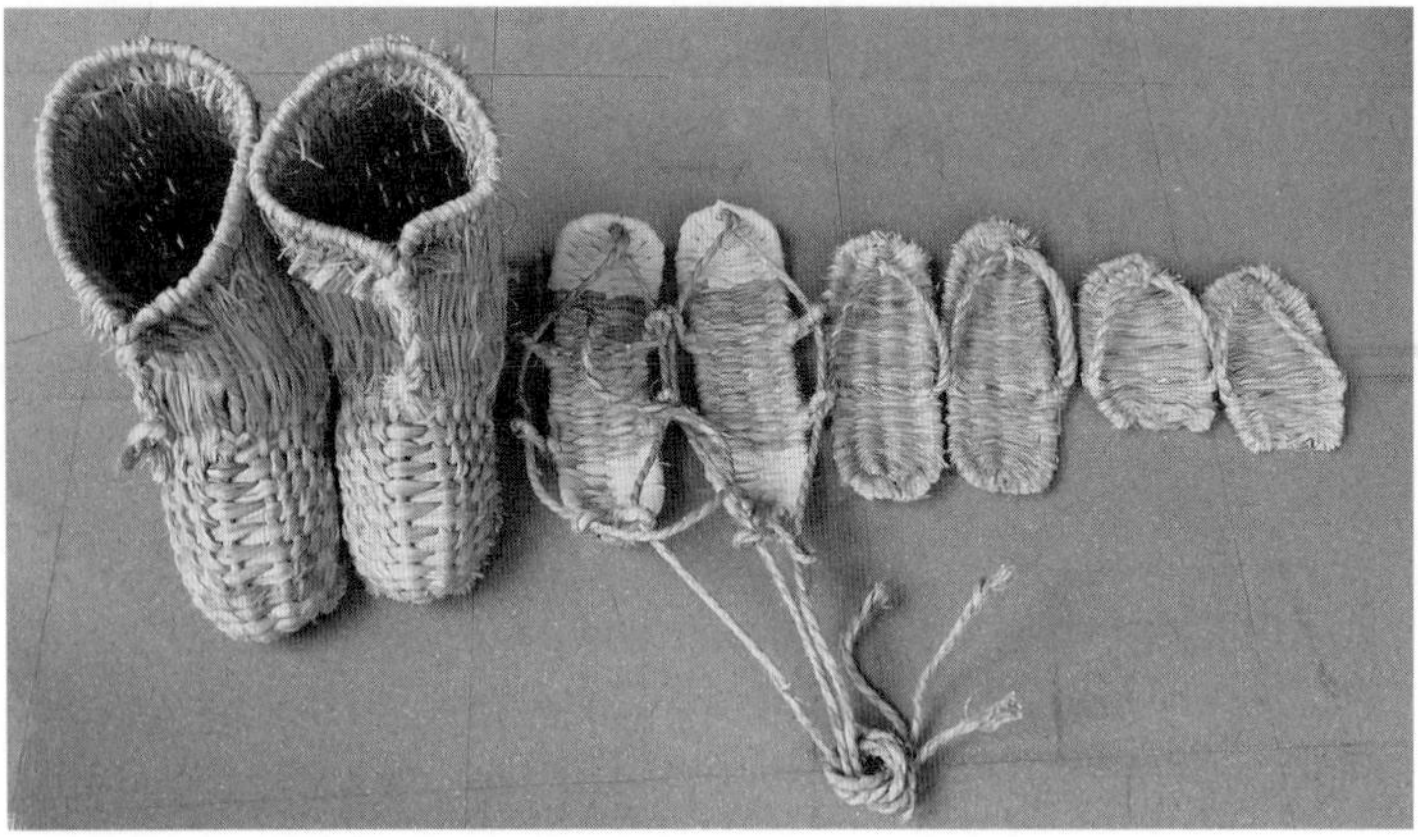

わらの履き物。左から雪靴、草鞋、わら草履、足半

き、田植えが終わるとあちこちの畔に脱ぎ捨てられていたそうです。

足半の呼び名は、北信では「アシナカ」「アシナカゾーリ」、中信では「ハンナカ」「ゾーリ」「ツノゾーリ」「ツノムスビ」、南信では「アシナカゾーリ」「ゾーリ」「ワラゾーリ」、東信では「アシナカゾーリ」「ツッカケゾーリ」「ブッカケゾーリ」などがありました。

草鞋《わらじ》は、足に固定するための縄が付いている草履です。草鞋の前部から延びている「緒《お》」という縄を、草鞋の側面にある「乳《ち》」と呼ばれる小さな輪と、かかとから出ている「かえし」という長い輪に通して足に縛り付けます。草鞋には乳があるものとないものがありました。『長野県百科事典』によると、「ヨッチ（四乳）ワラジは、チ（乳）が四つある最も一般的な形で、ヒトッチ（単乳）ワラジはチが一対あるもので、平地の長い旅に用いられた」とされ、無乳《ちなし》草鞋は「伊那地方の山働きの人、雪山の猟師、川漁の人が好んではく」とあります。草鞋は足に固定されるので、作業や旅に用いられ、履きづめなら1足が1日で履き切れてしまい、1日寿命の使い捨てでした。

蹄鉄《ていてつ》が普及する前は馬や牛に履かせる馬草鞋・牛草鞋もあり、運送業者は履き替え用として大量に用意していました。

ほかに、足の甲の部分も編んだ「わら靴（藁沓《わらぐつ》）」もあります。いまのスリッパのよう

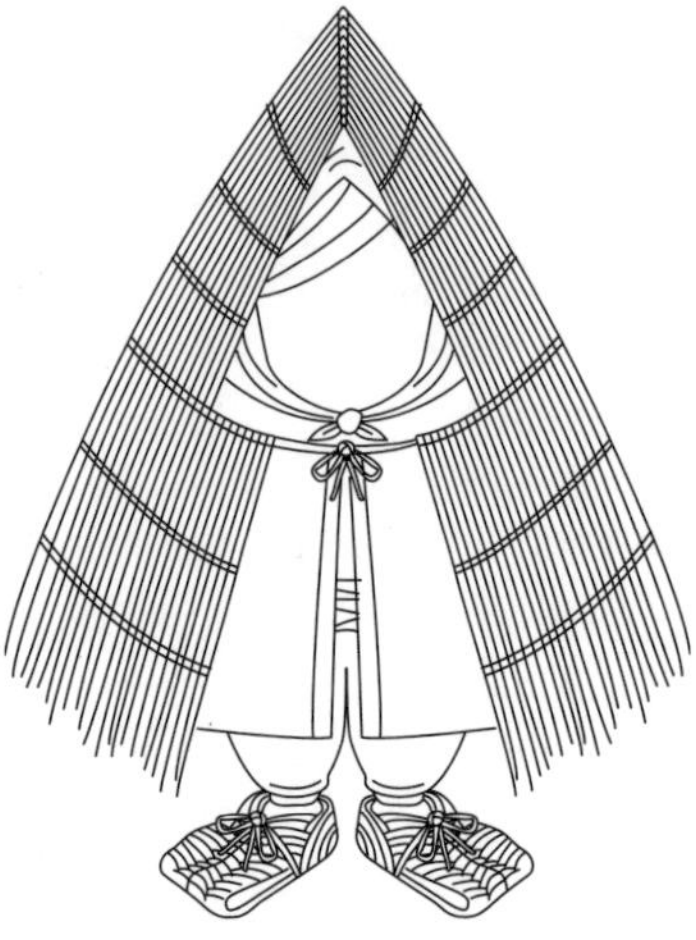

ミノボーシをかぶってツボグツを履く

な履き物です。「クツ」とか「ワラグツ」と呼ばれ、飯山では「ツボグツ」、北安曇では「コンゴー」「コゴグツ」などと呼んでいました。

防雪・防寒用の長靴は「雪靴（雪沓《ゆきぐつ》）」で、ふくらはぎを巻く脛《すね》を編み、クツと結合させて作りました。この結合部分を補強するために2本の縄を取り付けたものもありました。長靴の呼び名は、高井や水内では「フンゴミ」「ゴンゾ」「フカグツ」、埴科や更級では「ワラグツ」「ユキグツ」、安曇では「スッペンジョ」「サッパメ」「ズッパメ」、筑摩では「ゴンゾ」「コンゴー」「グンゾ」「ユキグツ」、諏訪や伊那では「ユキグツ」「ワラグツ」などがありました。

雪国特有の工夫

雪が積もったところをそのまま歩くと、足が雪に埋まってしまいます。雪の多い地方で、足が埋まらないように工夫された履き物が「かんじき」です。雪靴の靴底に縄で固定して使い、雪の上でも体重を支えて歩行することができました。

栄村で使われていたかんじきの材料には、竹、杉の枝、クロモジ、山ウルシ、サルスベリ、籐蔓《とうづる》などがありました。

一般的な材料は、北信濃の山地にたくさん生えている根曲がり竹（チシマザサ）です。この竹は内部が中空で軽く、曲げる加工がしやすい素材です。特に8月に切った根曲がり竹は曲げやすく、ほかの季節は熱い灰のなかに入れて、熱で曲げて加工しました。

杉の枝は、成長の悪い木の枝が折れにくく、丈夫で長持ちしたそうです。クロモジは楊枝用の木ですが、軽くてしなやかで油気があります。

かんじきの大きさは用途によって違いがありました。道路の除雪が行われなかった50年ほど前までは、足が埋まらないように雪を踏んで固め、歩きやすくしました。これを「道踏み」とか「雪踏み」といいます。栄村の道踏み用かんじきの一般的な大きさは、長さ約40㎝、幅約30㎝。長さ60㎝もある大かんじき「スカリ」は、つま先側に付けた縄を手で引き上げながら前進しました。屋根の雪下ろし用かんじきは、それより小型で、長さ31～36㎝、幅25～28㎝ほどでした。北安曇郡白馬村では、丸いかんじきを「輪かん」「丸かんじき」、長方形の型を「しっかん」、凍った雪の上を歩く爪の付いたかんじきを「爪かんじき」と呼んでいました。

冬のわら仕事

稲作農家では、主に冬仕事として自宅でわらを使った生活用品を作っていました。作業で使う縄、米や炭を入れる俵《たわら》、農作物を入れる叺《かます》、敷物などとして使った筵《むしろ》、雨合羽として使う簑《みの》、脛を保護するための脛巾《はばき》、運搬用の背当て、雪除けの簑帽子などです。もちろん、わらの履き物も自給自足です。

栄村では農閑期の冬に、草履を40～50足、草鞋を70～100足、白馬村では草履や草鞋を各30～

いまも伝えられるわら仕事。「フカグツは軽くて温かくて履きやすいです」。栄村にて

100足、雪用の長靴として履く「スッペンジョ（ゴンゾ）」を家族分、馬草鞋を2～3足作りました。家族1年分を作るので、かなりの数になります。男衆が出稼ぎをする家では、家にいる高齢者や女性、子どもが、土間でわら仕事をしていました。

わら仕事で、まず行うのが「わらすぐり」です。わらのすべ（稲の葉の部分）を取り除く作業です。指を開いて櫛《くし》のようにした素手で取り除くこともできますが、手が荒れるので、櫛状の木製品を使いました。すぐったわらを平らな石（じょうべ石）の上に乗せ、木《き》槌《づち》で叩いて、わらをやわらかくします。こうした準備をしてから製作に入ります。

草履の場合は、自分の足の親指、または木製の台を使って芯にする縄をかけ、準備したわらを編み込んでいきました。厚底にしたり、ぎっちり編んですき間をなくしたり、縄をかけて補強したりなど工夫をします。編み方には個人差や地域差があり、できあがったものを見れば、誰が作ったか、どこの地域のものかがわかることもあったようです。

昭和30年代半ばを過ぎると、わらそのものや、わら製品の需要が減り、こうしたわら仕事はだんだん見られなくなりました。

（畔上不二男）

いまも昔も雨は降る

古代以来の雨具の定番

雨や雪のなか、屋外で作業をするときに、昔から人々が身に付けていたのが蓑《みの》です。蓑は、雨や雪だけでなく風も防ぎ、防寒着としての役割も果たす優れたものでした。全国で広く使われていましたが、現在ではほとんど使われることがありません。

蓑の歴史は古く、養老４（７２０）年に完成した『日本書紀』には「素戔嗚尊結束青草以為笠蓑」（スサノオは青草で笠と蓑を作った）と書かれています。遅くとも8世紀には、頭にかぶる笠とともに使われていたことになります。

蓑の材料には、稲わら、イグサ、シュロ（ヤシ科の常緑樹）など身近な素材が使われました。表側は羽毛状に、裏は網のように編んで作られたのは、雨水を外に逃がし、内側に染み込ませないようにするためです。自然の素材や摂理をうまく利用していることがわか

雨や雪を防ぐ蓑。表側（右）と編み込まれた裏側（長野県立歴史館蔵）

ります。

長野県では、蓑の材料の多くに稲わらが使われました。飯山周辺では、シュロで作った蓑も使っていました。シナノキの皮を使っていたところもあります。シナノキの皮は、稲わらと比べると濡れたときに重くなりますが、丈夫なので山仕事などに重宝しました。

蓑にはさまざまな種類があり、用途によって使い分けていました。飯山など雪の多い地方では、頭から背中にかけてかぶる「ミノボーシ（蓑帽子）」が使われていました。雨の日だけでなく、天気がよい日の農作業には、日よけのために背中だけを覆う「セナカミノ（背中蓑）」あるいは「ヒヨケミノ（日除蓑）」が使われました。

蓑の呼び方は「ミノ」が一般的です。しかし、南佐久地方では「ケッテ」または「ケッテイ」「ケデイ」などと呼んでいました。材料や製法によっても呼び名が変わり、檜皮《ひわだ》製のものは、その色から「赤蓑」と呼ばれました。中信地方では戦後、わらを叩いて何本も重ねて編み、雨が漏らないように工夫された蓑を「飯山蓑」と呼んでいたそうです。

蓑は、ゴムやビニール製の雨具よりも手足が自由に使え、蒸れないなどよい点がたくさんあったため、戦後もしばらく雨天時の農作業などで活躍していました。しかし、このころになると自分で蓑を作る人はほとんどなく、北信地方の一部で生産されたものが市販されていただけでした。その生産が途絶えると、長らく使われてきた蓑も姿を消していきました。

街道を行き交う合羽姿

蓑と並んで雨具として活躍したのが合羽《かっぱ》です。現在でも〝カッパ〟は広く使われていますが、もともとの合羽は、いまと少し違ったものでした。

蓑が古代から使われていたのに対して、合羽が使われるようになったのは15世紀に入っ

渓斎英泉が描いた「木曾街道沓掛驛平塚原雨中之景」。中央の人物が旅合羽、右端の人物が蓑を着ている（長野県立歴史館蔵）

てからです。

合羽の語源は、ポルトガル語のcapaといわれています。室町時代の終わりに、南蛮貿易やキリスト教の布教のために日本を訪れた外国人が、身に付けていたコートのようなものが元になりました。当時は豪華な羅紗《らしゃ》（厚地の毛織物）で作られていたこともあって、織田信長など戦国大名の間で流行し、次第に広まっていきます。当時の合羽は、いまのような洋服の形ではなく、首の回りに巻き付けて使いました。広げると丸くなるので「丸合羽」ともいわれました。

江戸時代に入ると、高価な羅紗ではなく、木綿製で縞《しま》模様の合羽が広まります。武士だけでなく商人や町人も道中着とし

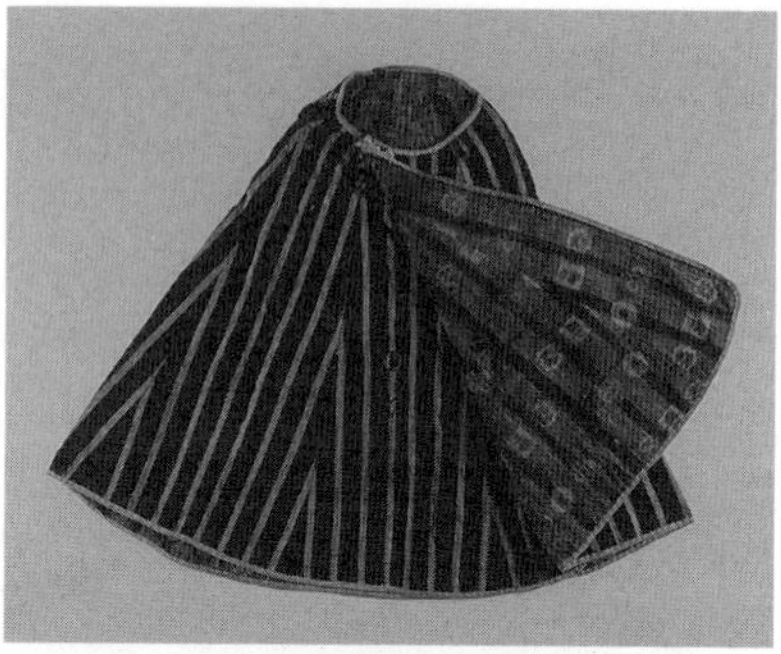

江戸時代に一般的だった縞模様の旅合羽
（長野県立歴史館蔵）

て、こうした「旅合羽」を身に付けていたようです。当時の信州の街道を描いた錦絵にも、雨のなか、旅合羽を着用した人物が見えます。さらに、和紙に桐《とう》油《ゆ》（アブラギリの種子から取った油）を塗って防水性を持たせた「桐油合羽」も使われ始め、庶民に広く普及していきました。

　明治時代の半ばになると、フードが付いたゴム製の雨合羽が使われ始め、素材がゴムからビニールに変化し、現在の合羽へとつながっていきます。

いまに伝わる和傘

現在、雨具として最も使われているのが傘でしょう。

平安時代の絵巻物には、貴族の従者が傘を差し掛ける様子が描かれています。一般の人が使うようになったのは、江戸時代に入ってからのようです。頭にかぶる笠と区別するため、差し傘とも呼ばれていました。当初は大坂で作られた傘が江戸に流通していましたが、次第に江戸でも作られるようになります。

江戸時代の傘は、竹製の骨に和紙を貼り合わせ、そこに柿渋や油を塗って耐水性を持たせました。実用性を重視した模様のない番傘や、開くと蛇の目模様になる蛇の目傘などがありました。雨傘だけでなく、日傘も作られており、こちらは和紙だけでなく、絹や更紗《さらさ》(インドから伝わった木綿布の文様染め製品)などの布が貼られました。傷んだ傘を買い取り、和紙を貼り替えて再販する商売もありました。江戸時代の社会は、ものを大切にするリサイクル社会で、壊れた傘もきちんと再利用していたようです。

明治時代に入ると、西洋から金属製の骨に布を貼った洋傘が伝わり、その形から「こうもり傘」と呼ばれました。和傘と呼ばれた日本の傘は、使いやすい洋傘にその地位を奪われていきました。


和傘の産地として江戸時代から栄えていたのが下伊那郡喬木《たかぎ》村の阿島《あじま》です。上方や江戸から遠く離れた阿島で、どうして和傘作りが盛んになったのでしょうか。

江戸時代、阿島は旗本の知久《ちく》氏が治めていました。知久氏が管理していた浪合《なみあい》(下伊那郡阿智村浪合)の関所に、江戸時代の中ごろ、ひとりの旅人が腹痛を訴えてきたため、関所の役人が介抱し、一晩番小屋に泊めました。翌日元気になった旅人がお礼に教えたのが、和傘の作り方でした。旅人は和傘の生産が盛んだった京都の人でした。関所の役人が内職にはじめた和傘作りが、次第に阿島の村人に広まり、江戸時代中期から戦前まで喬木村の主要な産業の1つとなりました。昭和の初めごろには、2000人以上が傘作りに携わり、年間30万本近く生産されていました。

阿島に和傘作りが根付いたのは、竹や和紙などの材料が容易に手に入ったためです。長野県の南に位置するため、和傘の骨に適した種類の竹が自生しており、和紙はもともと下伊那の特産物でした。さらに、伊那谷を中心に発展した中馬の存在も重要でした。生産した和傘を中馬によって輸送し、販路を広げることで、「阿島傘」の名は長野県全域だけでなく、県外にも広まっていきました。

戦後、洋傘の普及とともに、阿島傘の生産は減少していきます。阿島傘の製造を唯一続けている菅沼商店は、6代目の中村八代子さんがほとんどひとりで作業しており、現在も年間50本ほど生産しています。中村さんは「注文があっても数カ月待ってもらうこともある。材料の入手が年々難しくなり、思うように製造できないこともあるが、代々受け継がれてきた伝統の重みを感じ、阿島傘のよさを残すために、できる限り続けていきたい」と話しています。伝統は受け継がれているのです。阿島傘伝承館では、阿島傘保存会によって傘作り教室が開かれ、技術の継承に力を入れています。喬木村役場の置き傘には阿島傘が使われています。

平成28（2016）年には、木曽郡上松町出身の大相撲力士、御嶽海関にしこ名入りの阿島傘を贈りました。着物には和傘がよく似合います。洋傘にはない趣があり、現代でも十分通用するデザインです。

いまも昔も雨は降ります。そのなかで、いかに快適に仕事をしたり旅を続けたりするのか、人々が工夫してきた答えの1つが現在の雨具なのです。

（溝口　俊一）

大相撲の御嶽海関に贈る傘に墨でしこ名を書き入れる。村で唯一阿島傘を製造する菅沼商店にて（信濃毎日新聞社蔵）

時代を映す女性の髪形

身近な髪結いの存在

江戸時代の女性の髪形は、階級、年齢、職業、未婚か既婚かなどによって形が異なっていました。そのため、髪形を見ただけで身分や素性がわかったのです。また、江戸初期までは後ろに髪の毛を垂らしたり、1つに束ねたりするスタイルが一般的でしたが、その後は結髪《けっぱつ》が流行しました。よく時代劇などで見かける、いわゆる〝日本髪〟を結う文化です。

結髪をするとき、髪の毛は4つの部位に分けられます。顔の上の髪を前髪、頭上に集めて結んだ髪先の結ったところを髷《まげ》、左右の側面の髪を鬢《びん》、髪をたわめて後頭部に張り出すところを髱《たぼ》と呼びます。結髪は遊女、女歌舞伎役者が始めた兵庫髷、島田髷、勝山髷や御殿女中から始まった笄髷《こうがい》といったヘアスタイルが、一般庶民に広まっていきます。

この4つの髪形を基本に、時期によってさまざまな結い方が流行し、髪形の種類が増え

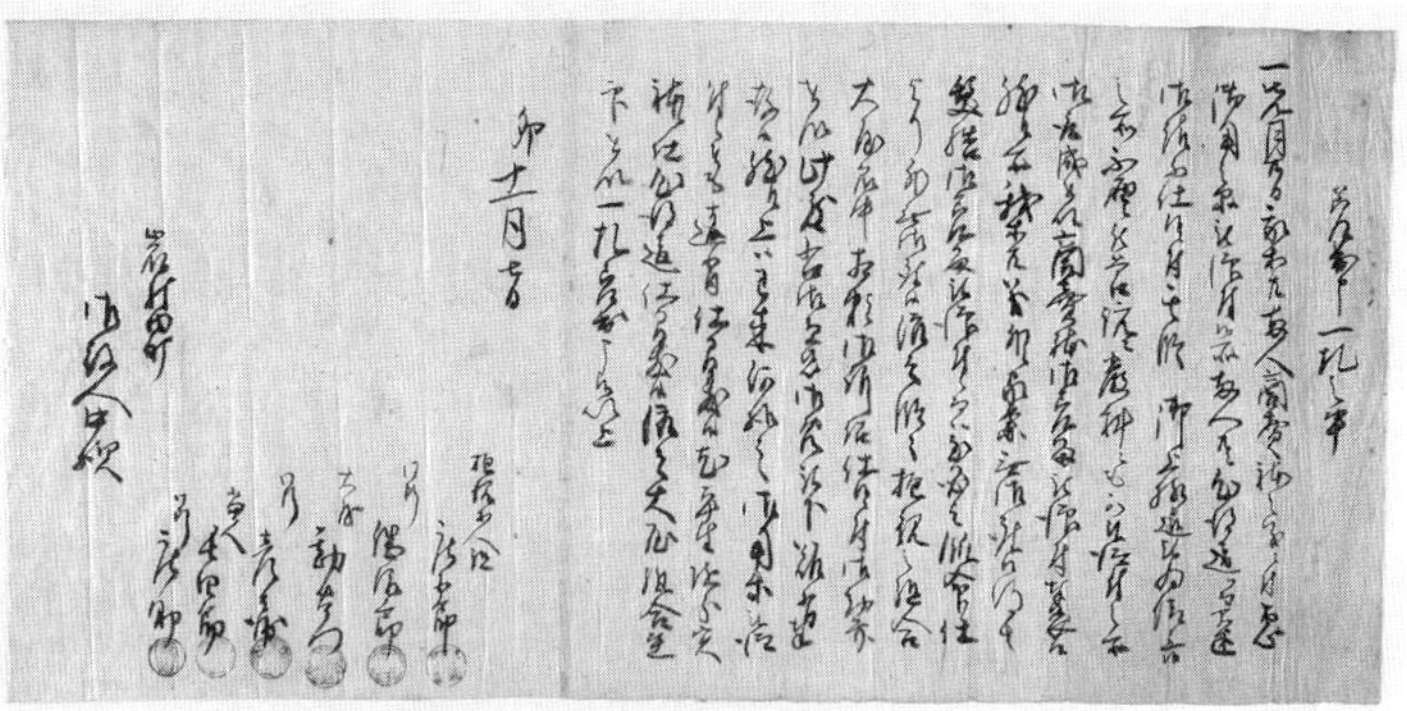

依田家文書に残る「差出申一礼之事」（髪結御差留）。7行目の最初に「髪結」の文字が読める（長野県立歴史館蔵）

ていきました。このように女性たちは、髪形が複雑化したことで自分で髪を結うことが難しくなっていきます。そこで登場してくるのが「髪《かみ》結《ゆい》」という専門の職人です。

髪結はもともと男性の職業で、直接お客の所へ出向くか、「髪結床」と呼ばれる現在の理容店や美容院のような場所で仕事をしていました。しかし、女性も髪を結い始め、髪形が複雑化し、自分の手に負えなくなってくると、女性の髪結も登場し始めます。女髪結は当初、遊女や芸者が利用していましたが、次第に一般の女性にも普及していくようになりました。

信州にも、髪結という職業にまつわる史料がいくつか残っています。佐久市岩村田の依田家文書には「ふたりの髪結が職を失いそうになったところ、なんとか恩情してもらい、仕事を続けることができるようになりました」という内容のお礼の書状が、上田市には「それまでいた髪結が逃げてしまったため、違う髪結が来た」という内容の史料があります。そうかと思えば、佐久市の別の史料のなかには「僧侶と不倫をした女房が、邪魔になった旦那を殺してしまおうと、よそからよそへと歩き回る流しの髪結に殺害を依頼した」という内容のものまで残っています。

こうした史料から、信州の各地で髪結が仕事をしており、欠かせない存在であったこと、また人々の生活に関わっていたということがわかります。江戸時代、人々が髪形を楽しむことができたのは、こういった髪結の存在があったからでした。

人気のお六櫛《ろくぐし》

髪の毛を結ったり整えたり、飾りとしても使われる櫛《くし》の歴史は古く、縄文時代までさかのぼります。北村遺跡（安曇野市）で縄文時代の骨角製のヘアピンが、また、松原遺跡（長野市）からは弥生時代の竪櫛が見つかるなど、信州でも古くから櫛が使われていました。

江戸時代以降、結髪の文化が花開くと、櫛はさらに欠かせない道具、またヘアアクセサリーとなりました。用途によって呼び名が異なり、髪の毛をとかすための解《と》き櫛、髪の毛のほこりや垢《あか》をとるための梳《す》き櫛、日本髪のヘアアクセサリーとして使われた飾り櫛などがあります。

木曽の「お六櫛」は、木祖村藪原《やぶはら》に伝わる梳き櫛で、中山道藪原宿の名物でした。江戸時代前期に下伊那郡の清内路から木曽南部の妻籠にかけて作られるようになり、後に藪原宿など木曽北部に伝わってきたといわれています。とても歯が細かいのが特徴で、ミネバリという木材を使って作られます。ミネバリは学名をオノオレカンバ（斧折樺）といい、斧が折れるほど硬く緻密で、比重も重く粘りがある木で、お六櫛のような歯の細かい櫛の材料には最適でした。当時は、材料となる木も藪原宿近くの鳥居峠付近の山林で調達することができたようです。

江戸末期から明治時代のころのお六櫛
（木祖村教育委員会蔵）

お六櫛の名前は、妻籠宿の旅籠《はたご》にいた美しいお六という娘に由来するといわれています。日々ひどい頭痛に悩まされていたお六が御嶽大明神に祈ったところ、枕元に御嶽の神が現れ、「御山に生えるミネバリの木を切り、櫛を作って髪を梳けば治るであろう」と告げました。お六がさっそく試してみると、嘘のように頭痛が治ったことから、世の中の頭痛持ちの人のためにこれを分け与えようと売り出しました。すると、街道を行く旅人たちのお土産として人気を博し、いつからか「お六櫛」と呼ばれて、全国にその名が知られるようになったのです。

明治から昭和の前半までは製造機も導入され、多いときは年間180万枚が生産されました。しかし、昭和20（1945）年以降は女性の髪の洋風化や、樹脂や軽金属製の櫛の出現などによって、木櫛の生産量は減っていきます。それに伴い、生産の担い手である職人の数も減少してしまいました。

その後、高度経済成長期を過ぎると伝統文化を見直す動きが高まり、お六

渓斎英泉の浮世絵「岐阻街道奈良井宿名産店之図」に描かれた「お六櫛」の看板（長野県立歴史館蔵）

櫛は昭和48（1973）年に長野県無形文化財、昭和58（1983）年には長野県伝統的工芸品に指定されました。これをきっかけに、地元では伝統文化を残そうという取り組みが始まり、現在も〝木曽のお六櫛〟として守り続けられています。

個性の表現としての髪形

明治時代になって洋服の文化が入ってくるようになっても、女性は依然として和服が主流で、髪形もしばらくは日本髪を結う時代が続きます。若い女性は髷の部分が桃の実のような形をしている桃割れや島田髷、花嫁は高島田、既婚者は丸髷という髪形にする風習も残りました。

明治18（1885）年になると、日本髪は不便で不衛生で経済的でないという意見から、三つ編みや束髪《そくはつ》が都市部から広まり始めます。束髪は丸めて髷を作る髪形で、ひとりで簡単にでき、和服にも似合うことから、受け入れられるのに時間はかかりませんでした。

明治37（1904）年に起きた日露戦争以降に流行したのが、二百三高地髷と呼ばれる髪形です。二百三高地というのは、中国・大連市にある日露戦争の激戦地の地名です。信州でもこの髪形が流行しており、当時の理髪師のインタビューのなかには「一番流行った

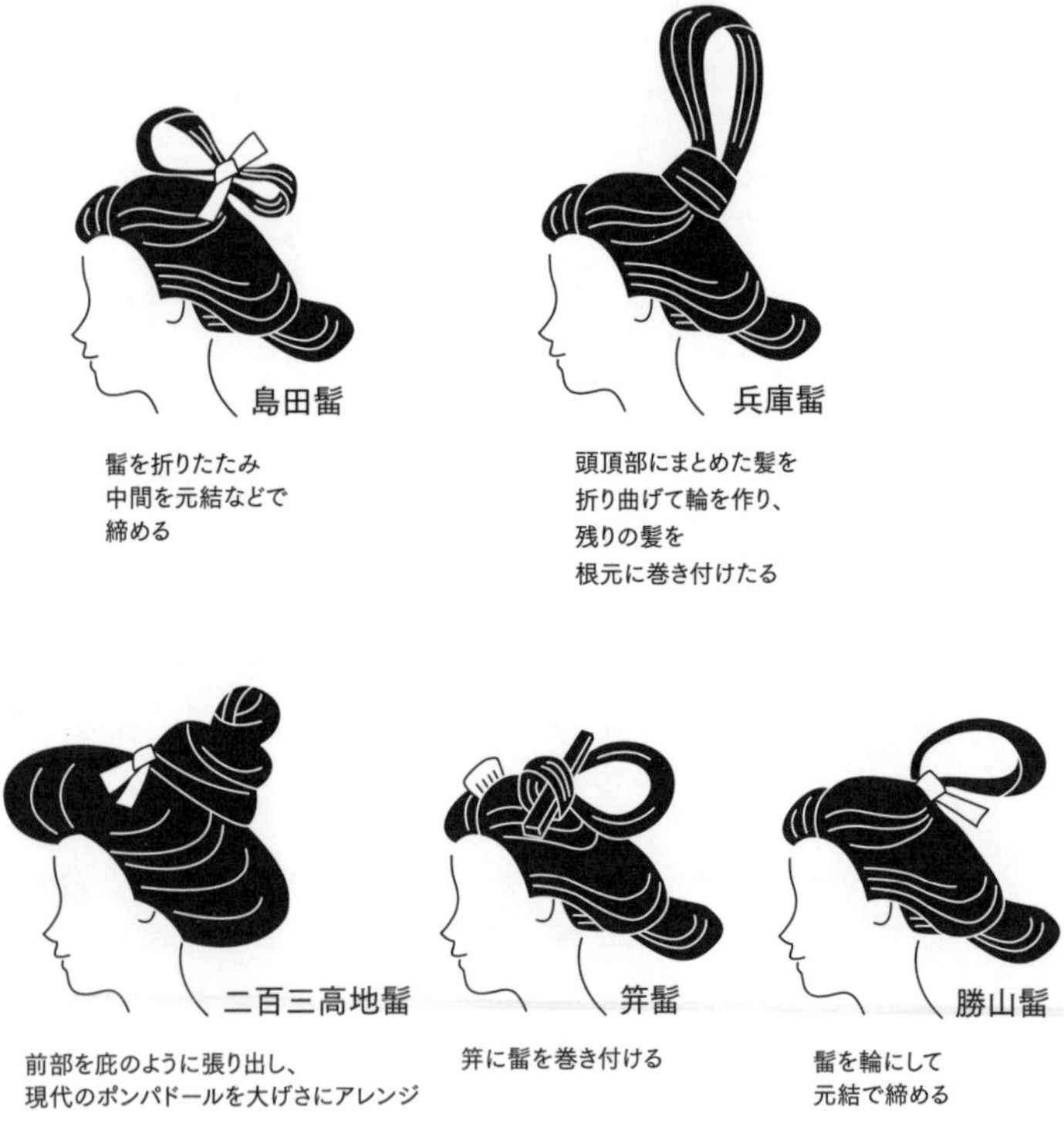
島田髷
髷を折りたたみ
中間を元結などで
締める
兵庫髷
頭頂部にまとめた髪を
折り曲げて輪を作り、
残りの髪を
根元に巻き付けたる
二百三十高地髷
前部を庇のように張り出し、
現代のポンパドールを大げさにアレンジ
笄髷
笄に髷を巻き付ける
勝山髷
髷を輪にして
元結で締める

江戸時代の髪形と明治時代に流行った二百三十高地髷

のは二百三高地髷です」という証言も残っており、その後、大正時代まで流行します。

その後、束髪の洋風化はますます進み、大正10（1921）年ごろからコテなどで髪にウェーブをかけて耳を覆う「耳隠し」や、「まがれいと」と呼ばれる三つ編みを取り入れた髪形が流行します。また、髪の毛を短くする断髪スタイルの女性はモガ（モダンガールの略）と呼ばれ、流行しました。このように、少しずつ洋風の髪形が取り入れられていきます。

昭和になると、パーマネントウェーブの機械が輸入され、昭和10（1935）年ごろから国産機によるパーマも盛んになります。県内でもパーマ機をあてられる当時の写真が残っています。しかし質素倹約がうたわれた戦時中は派手な髪形が嫌われ、しばらく地味な髪形が続きます。

髪形が一気に変化したのは戦後のことです。洋服の広がりとともに髪形もどんどん変化し、日本髪が結われることは減っていきました。パーマはもちろん、映画「ローマの休日」のオードリー・ヘプバーンが髪をばっさり切る場面をまねて、ショートカットなどが広まりました。

1970年代以降は全国各地で「聖子ちゃんカット」のようなアイドルの髪形をまねす

る人が続出します。80年代後半のバブルの時代には「ワンレングス」「ソバージュ」といった髪形が流行しました。茶髪や金髪など、髪の毛の色を染める人も多く見られるようになりました。

現在、髪形は各自の個性を表し、自由に楽しむファッションの一部になりました。新しい髪形を取り入れることが異端とされ、奇異の目で見られることも少なくなかった時代と違い、ヒットしたドラマや映画の女優や雑誌のモデルの髪形を先駆けとして、さまざまな流行が生み出されています。

女性の髪形は、時代や社会背景を映し出し、個性の表現として変化していったのです。

（天野　早苗）

アクセサリーはいつから

アクセサリーの始まり

アクセサリーとは装身具のことです。『世界大百科事典（第2版）』によれば「広義の衣装に含まれ、一般には身体にまとう衣服以外のものをさす。首飾り、耳飾り、指輪、腕輪、ブローチ、アンクレット（足輪）、髪飾りなどがあげられる」とされています。

アクセサリーの歴史は旧石器時代までさかのぼります。人類の歴史は700万年といわれますが、さすがにそれほど古いアクセサリーは発見されていません。猿人から原人、旧人を経て、われわれの直接の祖先であり、後期旧石器時代文化をつくり出した新人の段階になって、芸術的な感性を持ったといわれています。、7万年前、南アフリカのブロンボス洞窟からは、巻き貝などで作ったビーズの首飾りのようなアクセサリーが登場します。

4万年前以降になると、ヨーロッパでは洞窟壁画を描き、ヴィーナス像を盛んに作るようになります。なかにはヴィーナスをペンダントにした例も発見されています。さらに音楽もあったようで、象牙や骨製のフルートなどが発見されています。これら芸術的な作品が「現代人的行動」と評価されています。アクセサリーもその1つで、ヒトが他の動物と大きく違った道に進化した象徴ともいえるでしょう。

日本最古のペンダントは信州から

さて、日本列島ではどうだったのでしょうか。日本におけるアクセサリーの起源は、信州かもしれません。

長野県北端、上水内郡信濃町には、ナウマンゾウの化石が出土することで有名な野尻湖があります。その周辺はゾウたちとともに暮らしたと思われる旧石器時代の人々が残した遺跡が密集する、日本でも有数の地域です。その1つ、日向林《ひなたばやし》B遺跡は3万年をさかのぼる後期旧石器時代の遺跡です。

この遺跡から、円柱形で孔《あな》の開いた砂岩が1点出土しました。大きさは長さ4・5㎝、穴の直径は1・9㎝。孔は人間が開けたのではなく、海底の砂の中に生息していた動物が作った巣穴の跡が化石になった可能性が高いものです。

この化石は、自然の状態ならば旧石器時代の石器と一緒に遺跡から出土することはないので、旧石器時代人が何らかの目的で運んできたものだと考えられています。この孔の開いた石が当時のヒトにとって実用の道具であったとは考えにくく、ペンダントなどのアクセサリーとして用いられた可能性が高いのですが、用途について決定的な証拠はありません。もしアクセサリーであったと判明すれば、日本最古のものとなります。

この石は、なんの変哲も無い砂岩です。色が綺麗なわけでもありません。しかし、旧石器時代人が何かの意図で遺跡に持ち込んだことは間違いないのです。当時のヒトは「なん

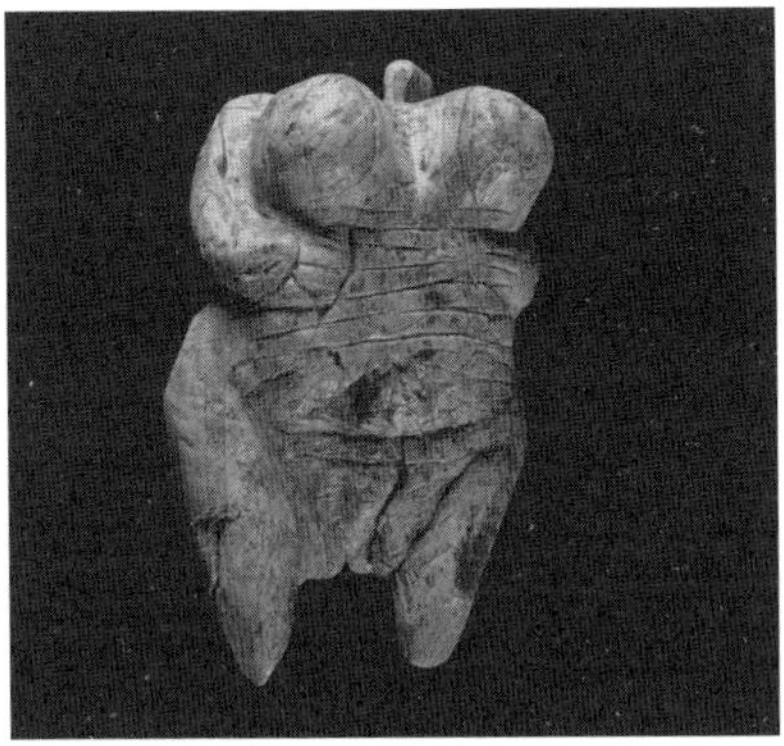

南ドイツのフォーレフェルス洞窟遺跡から発掘されたヴィーナス像。高さ約6cm、マンモスの牙製。頭部が輪の形をした小さな突起で、ここにひもを通してペンダントにしたとされる（Nicholas J. Conard 他著「Eiszeitarchäologie auf der Schwäbischen Alb」より）

日向林B遺跡有孔石製品。日本最古のアクセサリーとなるか（長野県立歴史館蔵）

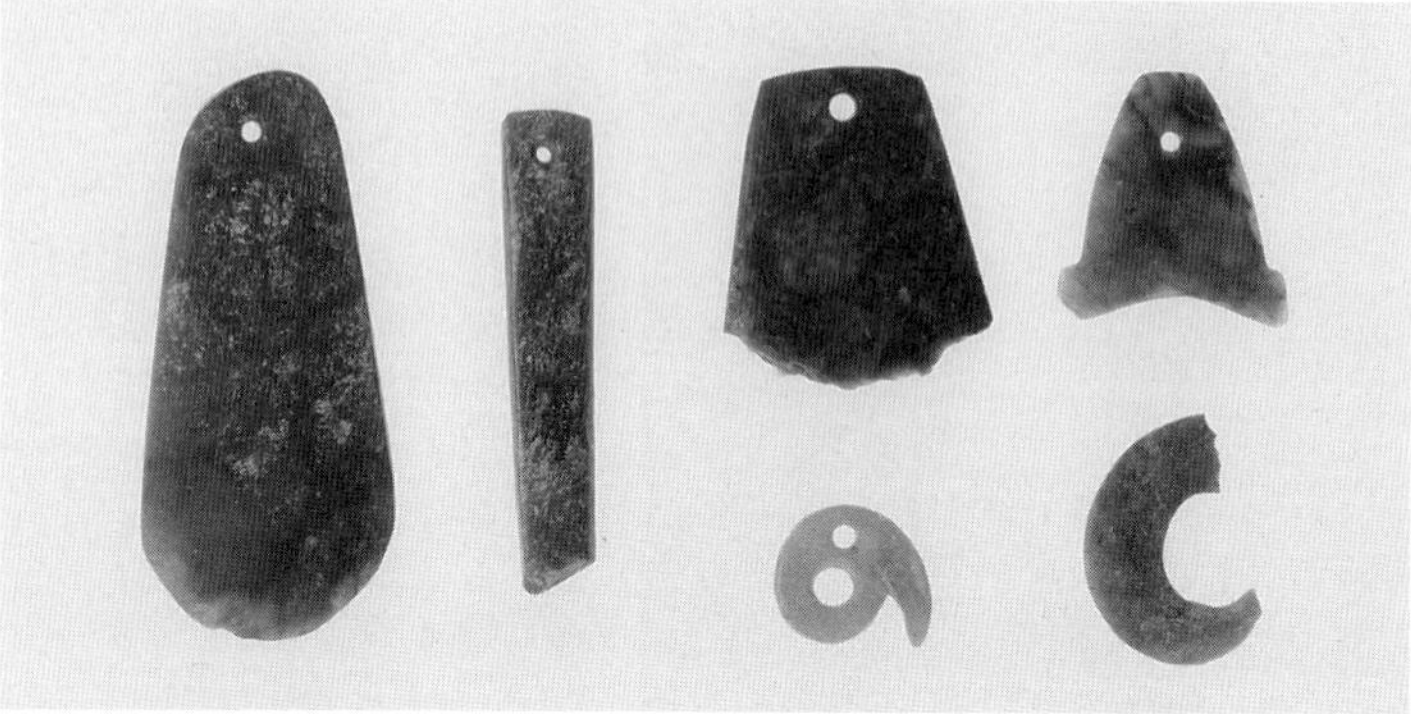

松原遺跡の「の」字状石製品（右下２点）。このうち左側の完形品は長さ約 2.3cm
（長野県立歴史館蔵）

だこの孔の開いた石は？　珍しい！」と感じたのかもしれません。

　縄文時代になると、アクセサリーの量と種類が増えます。松原遺跡（長野市）では、縄文時代前期末（約5500年前）の蛇紋岩や滑石《かっせき》を素材とした耳飾りをはじめ、「の」字状・棒状・斧形石製品など、数種類のペンダントが見つかっています。特に注目されるのが「の」字状石製品です。

　これは文字通り「の」字形をしており、頂部に吊り下げるための小さな孔が開いています。縄文時代前期末から中期初頭という限られた時期に製作されたもので、北は青森県から西は岡山県、南は八丈島まで、広範囲にわたって分布していますが、全国で二十数点発見されているだけで、1つの遺跡から2点発見されたのは、松原遺跡のほかは山梨県の上の平遺跡の2遺跡しかありません。

考古学者の小田静夫さんの「八丈島の先史文化」によると、「の」字状石製品は、南海産大型巻き貝（イモガイ）の輪切り製品を石に模した装身具と考えられます。内陸部の信州にとって大型の巻き貝の装飾品は、まさに「憧れ」だったのではないでしょうか。

黒曜石とヒスイのただならぬ関係

縄文人にとってアクセサリーの代表は、松原遺跡でも触れた「石製品」、つまり「宝石」でした。ちなみに宝石の3要件は、「美しい」「耐久性がある」「希少価値がある」といわれています。ダイヤモンドがまさにそうですが、縄文時代の人々にとってはヒスイ製のペンダントがその要件を満たしました。しかし、耐久性があるということは硬いことでもあり、金属もなかった時代にヒスイに孔を開けるには、大変な時間と労力がかかったことでしょう。ヒスイのペンダントは誰でも持てるものではなく、限られた人だけが所持を許されたステータスシンボルだったといえるのです。

ヒスイの産地はかつて国内にはないと考えられていました。ところが昭和14（1939）年、新潟県の小滝川でヒスイの原石が発見され、さらにその周辺の糸魚川から富山県東部地域で玉作り遺跡も発見されたことから、ヒスイはこの地域で採取・加工され全国へ流通していったと考えられるようになりました。現在ヒスイの原石産地は全国で10カ所ほど知られていますが、この地域のヒスイは宝飾品として群を抜いて質がよく、各地の遺跡から出土するヒスイ製品もほとんどがこの地域産であるといわれています。

上木戸《うえきど》遺跡（塩尻市）から、5点のヒスイ製大珠が発掘されています。ほかにも諏訪・茅野から八ヶ岳西南麓にかけて、ヒスイ製品や原石を出土した遺跡が点々と発見されています。

日本における玉研究の第一人者である寺村光晴さんは、糸魚川周辺から遠隔地へもたらされたヒスイの流通ルートを指摘しています。糸魚川から松本・諏訪、八ヶ岳西南麓を経て多摩丘陵へと続くルート上の信州の遺跡は、淀の内遺跡（山形村）の20点915gを筆頭に、ヒ

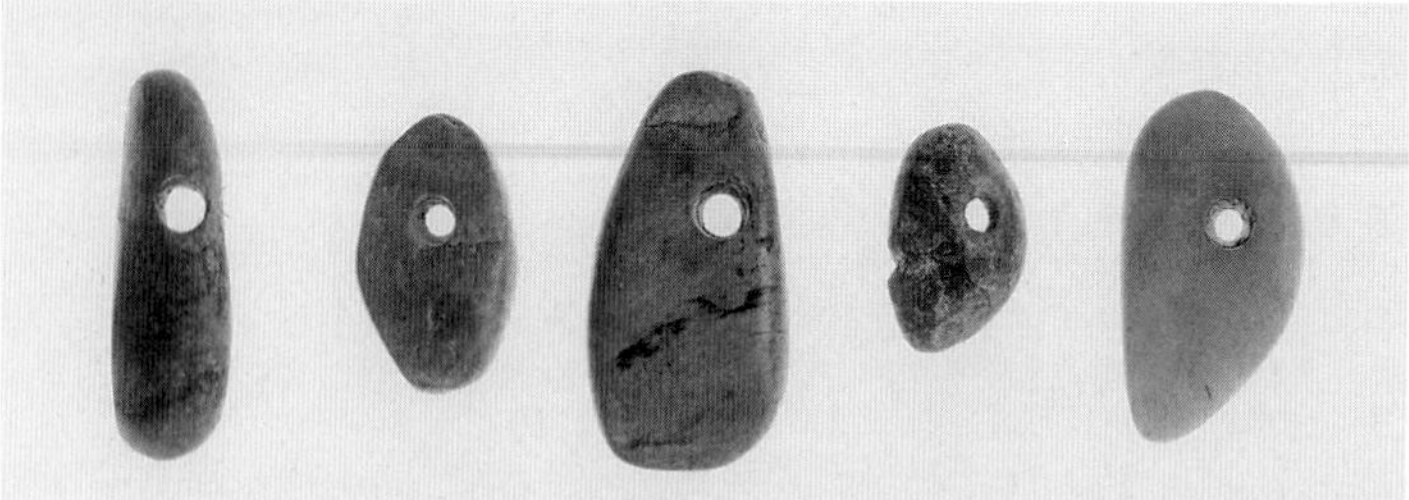

ヒスイ製ペンダント。右側のもので長さは約5㎝。上木戸遺跡の墓と思われる穴から、5点まとまって出土した（長野県立歴史館蔵）

スイ製品や原石を多数出土する拠点的な集落が点在する特別な地域であったことがわかってきました。

信州は原石産地圏から外れますが、群を抜いてヒスイを所持していました。玉供給のセンター的なムラが信州にはあったようです。なぜ原石産地から離れた信州にこれほどの拠点が残されたのか。そこには歴史上最初の信州ブランドといわれる黒曜石がかかわっていたのではないでしょうか。

諏訪地域には本州最大の黒曜石原産地があります。矢尻やナイフなど実用の利器を豊富に所持できた信州諏訪周辺は、豊かな縄文文化が繁栄していたと考えられます。そのような地域であったからこそ、非実用的ではあったものの縄文人の精神文化に深くかかわるヒスイの宝飾品が受け入れられ、黒曜石とともにヒスイを関東地域へ分配・配布する重要な地域であったのではないでしょうか。

信州のヒスイ製品は信州縄文文化の繁栄を象徴するものでした。

魔除けやシンボルとして

現在、アクセサリーといえばおしゃれに身を飾る「装飾品」と考えるのが一般的ですが、魔除《まよ》けなど呪術的な性格も持っています。たとえば、Cの字形に湾曲した勾玉《まがたま》は、観光地のお土産品として見かけますが、神社などではお守りとして扱われています。

長野県立歴史館常設展示室の縄文時代のコーナーには、魔除けとしての勾玉の原形を考える上で貴重な展示があります。それは子どもの人骨です。腰のあたりをよく見ると、イノシシの牙があることに気付きます。腰にぶら下げるお守りだったのでしょうか。湾曲した牙は勾玉のようにも見えます。

勾玉は、弥生・古墳時代に盛んに作られるようになります。珍しい例として、東京都の多摩ニュータウン遺跡№.939遺跡から、黒曜石製の勾玉が発見されました。黒曜石は割れ口が鋭い天然ガラスなので、刃物として重宝されてきました。しかし、鉄が導入されると取って代わられてしまいます。この黒曜石の産地は、理化学分析の結果から信州産であることがわかっています。弥生時代に、刃物の役割から転換されたようです。しかし、なぜか黒曜石の勾玉は流行しませんでした。磨くという加工が難しかったからでしょうか。この珍しい黒曜石の勾玉は、黒曜石にこだわった弥生人が残した貴重なお宝かもしれないのです。

ヒトが装身具を身に付けるようになった動機はさまざまで、「珍しさ」や「憧れ」があったと思われています。ヒスイのような希少な石で装身具を作り、それを持てることが、ステータスシンボルへと進化したとも考えられます。同時に、装身具自体に力を持たせていきました。魔除けや自然の神霊などへの畏敬の念として、信仰や儀礼に用いられることもあったでしょう。地位や身分の差が生じるようになる弥生時代以降は、装身具自体に権力の象徴としての意味が付加されていったのです。

もちろん先史時代の人々がおしゃれをしなかったということではありません。美しいヒスイはやはり綺麗であり、魅力的です。アクセサリーは単に装飾品としてだけでなく、長い歴史の中でステータスシンボルや魔除けなど、さまざまな意味合いを持ってきたのです。

（大竹　憲昭）

2

信州人が食べてきたもの

肉食はタブーだったのか

献立に肉がない

天保2（1831）年に、関白鷹司政通《かんぱくたかつかさまさみち》の養女有君《ありぎみ》（当時8歳）が、徳川家祥《いえよし》（後の13代将軍徳川家定）に輿入《こしい》れするため、中山道を下ったときの献立表が残っています。下諏訪宿の献立です。

八月六日夕
　一汁三菜
平皿　鯉《こい》を骨切にしたささがき
汁　　大根・椎茸入
魚物　うなぎ蒲焼き

御飯

八月七日朝
平皿　玉子　椎茸　焼麩《やきふ》くず引
汁　菜
猪口　かんぴょう　あえ物
御飯

この日以降、10日の上州坂本宿泊までの食事を見ると、主菜の多くは魚や豆腐などの和《あ》え物ばかりで肉料理はまったくありません。

文政3（1820）年11月27日の戸倉宿坂井家の献立も見てみましょう。婚礼祝いの本膳料理に、鯉や鯋《いさざ》といった沼地の魚のほか、鯛、鱸《すずき》など海の魚が出されていることがわかります。

庶民の食卓はもっと質素で、例えば安曇郡の大庄屋

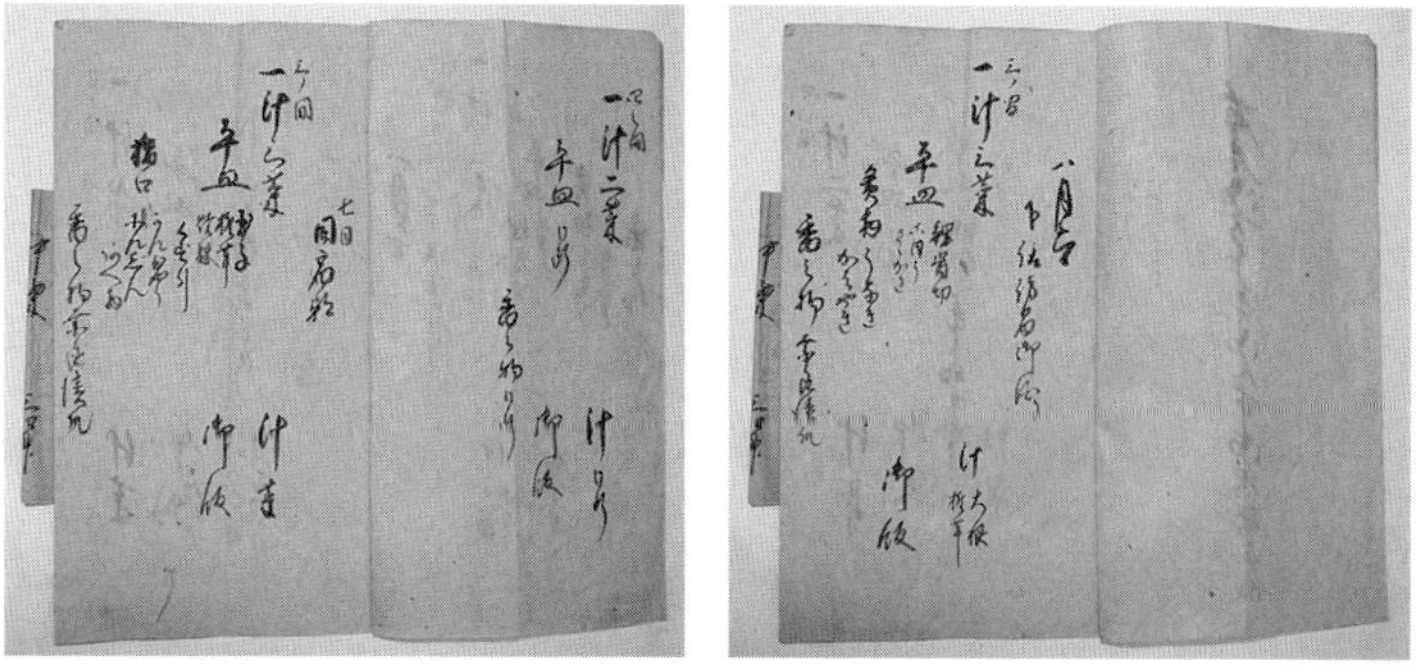

天保2年8月6日（右）7日、下諏訪宿で出された有君の献立（長野県立歴史館蔵）

文政３年の戸倉宿坂井家婚礼祝い膳を復元（長野県立歴史館蔵）

清水家が雇い人に出したある日の食事は次のようです。

宵　そば
朝　めし　野菜なし　汁菜
朝　もち　昼　粉もち　晩　煮かけ

米のほか蕎麦や、野菜などの餡《あん》を小麦の麺類にかけた「煮かけ」、麦粉の餅など、米が貴重な中山間地の日常の食卓はこのようなものでした。

いずれにしても、献立だけを見ると江戸時代の人々は表だって肉を食べていなかったことがうかがえます。

ところで、紅葉《もみじ》・牡丹《ぼたん》・柏《かしわ》の植物名から

連想する食べ物はなんでしょうか。

これらはいずれも江戸時代の動物の肉の別名で、順に、鹿肉、猪《いのしし》肉、野鳥肉を指しています。フランス料理では「ジビエ」と呼ばれ、もてはやされるこれらの肉は、いずれも狩猟によって得られる山肉です。長野県では近年、農林業の食害防止という観点で野生鳥獣の捕獲数が増えており、特に鹿肉は「長野県産ジビエ」「信州ジビエ」の名称で普及に力を入れています。また、桜として知られるのは馬肉で、長野県は有数の馬肉生産地でもあります。2012（平成24）年の生産量は全国5位の278t。高タンパク・低カロリーの馬肉人気は根強いものがあります。

山国の信州では昔から肉を食べていたはずなのに、表面的には食べていない。こうした肉食を忌避する習慣はいつごろ生まれたのでしょうか。

食べるための殺生も罪

イスラム教徒は「豚は穢《けが》れている故に食べない」、ヒンズー教徒は「牛は神聖である故に食べない」といった習慣があります。こうした信仰上の理由による「食の禁忌《きんき》（タブー）」はいくつもあります。

「富士巻狩図屏風」（部分）に描かれた鎌倉時代の武士による大規模な狩り（山梨県立博物館蔵）

前近代の日本では、そもそも食するための動物飼育は発展しませんでした。

古代以来、朝廷からは殺生禁断《せっしょうきんだん》の命令が出され、捕獲した動物を解き放つ放生《ほうじょう》がたびたび行われました。これらには仏教の「不殺生戒《ふせっしょうかい》」、つまり生き物を殺すことで地獄に堕《お》ちるという考え方が広がっていたことが大きな要因です。現在でも、亡くなって仏となった方々を供養する盂蘭盆会《うらぼんえ》（お盆）の期間中は、むやみな殺生をやめ、「捕まえた虫を逃がしなさい」という教えを聞くことがあるのは、そのためです。

不殺生戒のなかでも特に、人間の協力者ないし下僕として利用される牛や馬、犬などの食用は忌避すべき行為と考えられました。こうした「殺生が罪業」であるとする思想が広がることで、日本には肉食が定着しなかったといえます。

一方で、狩猟を行い、朝廷に贄《にえ》として鹿肉などを納める人々も全国にいました。

平安時代後期には、軍事を生業とし、狩猟を日常の鍛錬と位置づける武士が台頭しました。

さらに鎌倉時代になると、源頼朝が信濃・上野《こうずけ》（群馬県）国境の三原野で、野生の鹿や猪を捕獲する巻狩りを開催し、武威を全国にとどろかせます。将軍が御家人を動員して大規模な狩りのデモンストレーションを行ったのです。これらの肉は神に捧《ささ》げられ、食されました。信濃をはじめとする東国の武士にとって狩猟は生業でもありました。

しかし鎌倉時代の中ごろ、幕府は仏教への帰依から不殺生戒の立場で鹿食禁忌を徹底するようになります。また武士のなかには、こうした狩りが仏教の教えに抵触するのではないかという、いわば当然の問いを持つものも現れました。諏訪郡の武士で諏訪社の狩猟祭祀を務める上原敦広《うえはらあつひろ》は、狩猟によって来世で地獄に堕ちるのではないかと悩み、浄土宗の僧信瑞に問いただしています。「敦広」の「疑問」を「信瑞」が「解決」する過程を記した「広疑瑞決集」には敦広の25に上る疑問が記されています。当時の諏訪社は、狩猟の神を祭っている神社であることから幕府御家人など多くの武士の信仰を集めていました。狩猟・殺生・肉食と極楽往生の両立はできるのか。多くの武士の疑問を包み込むように、諏訪社では次のように答えます。

業尽有情　雖放不生　故宿人身　同証仏果

（命の尽きた動物を放生したところで生きることはない

人間の体内に取り込んで人が成仏するのと一緒に成仏させてやろう）

この文章を「諏訪勘文《すわのかんもん》」といいます。「食べることによって動物を成仏させてやることができる」という考え方は、武士だけでなく、動物を殺生することを生業としてきた人々の心を慰めてくれました。諏訪社は逆に仏教思想を取り込み、狩猟・肉食を肯定する論理をつくったのです。諏訪信仰が武士を中心に全国へ広がった大きな理由です。

諏訪大社が発行する鹿食免御札と鹿食箸

日本を訪れた戦国時代末の宣教師ロドリーゲスが「（日本人は）宴会や平常の食事では、狩りの獲物の肉だけを使う」と述べています。肉食が禁忌され、馬や豚を食さなかった日本でも、狩りで採集した鹿や猪、雉《きじ》などは食することができたわけです。現在でも諏訪大社で、「鹿食免《かじきめん》」の御札と、肉食が許される「鹿食箸」を求めることができます。

江戸時代のタンパク源

江戸時代になると、寺院や神社で肉食を禁じる「物忌令《ぶっきれい》」が出されるなど、表向きは肉食に対する禁忌意識が強まります。

ふたたび婚礼の献立を見てみましょう。嘉永5（1852）年2月、小県郡下之郷村（上田市）の金子家の例です。

海産物　鯛・平目・鰤・ふくらぎ・鰯・海老・湯烏賊《いか》・鯣《するめ》・数の子・田作《たづくり》・熨斗《のし》・蒲鉾

池沼　鯉・鯰《なまず》

海草物　昆布・海苔・鶏冠《とさか》海苔・青板

肉・玉子　雉・鶏卵

野菜類　大根・人参・牛蒡《ごぼう》・蓮根・芹・独《う》活《ど》・青菜・干瓢《かんぴょう》・奈良漬

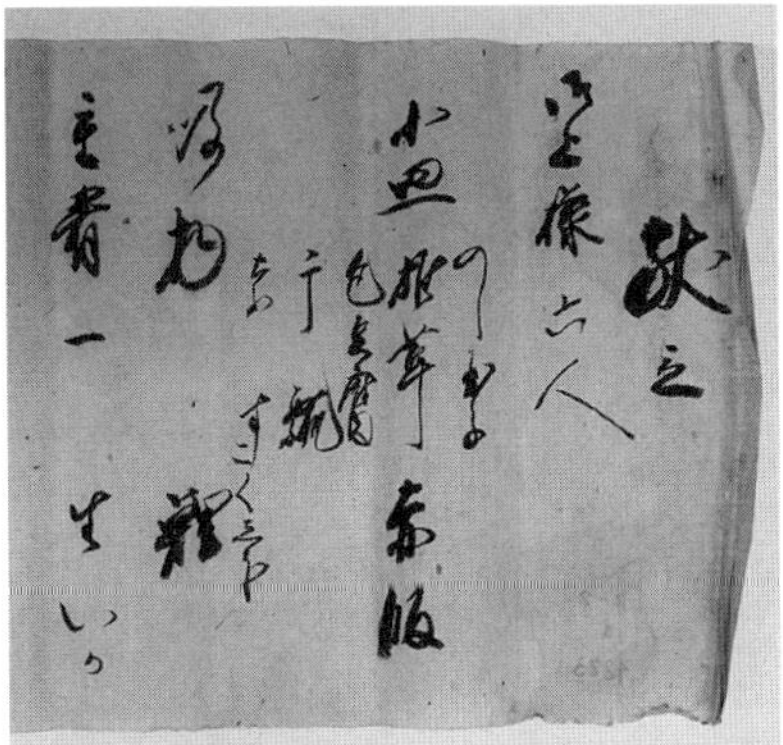

江戸時代の法事の献立。吸物は「鯉こく」とある（長野県立歴史館蔵）

歌川広重の浮世絵「びくにばし雪中」に描かれた「山くじら」の看板（国立国会図書館蔵）

茸類　椎茸・木耳《きくらげ》・岩
茸
果物　梨・九年母《くねんぼ》
調味料　白味噌・酢・た
まり・焼き塩
香辛料　山椒・生姜・芥
子
嗜好品　茶・酒
その他　生麩《なまふ》・蒟蒻《こんにゃく》・白
滝・葛粉

山国の信州でも、意外なほど海産物を多く食していることがわかります。これらは糸魚川から松本を経て上田に入ったと考えられます。また、江戸時代後半から養蚕が盛んになると、蚕の蛹《さなぎ》を飼料とした鯉の養殖が佐久や上田を中心に広がっていきます。鯉は信州の人々の重要なタンパク源で、今でも「鯉こく」や「あらい」などにしてさまざまな祭事で食されています。

しかし、江戸時代に肉食がまったくなかったわけではありません。先に見た坂井家の膳のなかにも「つまみ」「ひとどり」が含まれていました。いずれも、すりつぶした鶏の身を丸めて焼いた団子状のものです。

坂井家の献立を注意深く読むと「雉肉」が吸い物に入っています。狩猟で得た貴重なタンパク源として珍重されたようです。江戸の調理本には、たとえば「料理切方秘伝抄」などには野鳥の切り方などのレシピも各種出ていました。猪肉を「山くじら」と称して江戸町民が食したこともよく知られています。獣肉を紅葉・牡丹など植物の名前で呼んでいたのは、表だって肉食できない庶民の隠語《いんご》という説もあります。

江戸時代を通じてオランダ文化を受け入れていた長崎では、卓袱《しっぽく》料理などで豚肉食が進んでいました。有名な長崎くんちは江戸時代以来の諏訪神社の大きな祭礼ですが、肉食を肯定する「諏訪勘文」の信仰が、長崎の人々に広がっていたことを示しています。

西洋文化が入る幕末になると、鍋に煮込む豚・牛肉食が広がります。松代藩の佐久間象山が養豚場の設置を計画したことも、食に対する意識の変化を見ることができます。

（村石　正行）

信州といえば蕎麦

信州イコール蕎麦《そば》

「信州信濃の新蕎麦よりも、あたしゃあなたのそばがよい」

映画「男はつらいよ」の主人公車寅次郎《くるまとらじろう》が露店《ろてん》で語呂合わせの口上《こうじょう》する場面があります。寅さんの口上を聞いただけでも、「信州といえば蕎麦が代名詞」だというイメージが、いかに一般に広がっているかがわかります。

上水内郡信濃町出身の俳人小林一茶は文化9（1812）年、「そば時や　月の信濃の善光寺」という句を詠んでいます。この句は一茶が長年奉公した江戸から故郷柏原《かしわばら》（信濃町）に戻った50歳のときのものです。江戸時代の後半には、「信州＝蕎麦」というイメージがすでに広がっていました。

ソバはタデ科ソバ属の一年草で、その実を原料とする非稲科の穀物です。実を製粉して加工したものを「蕎麦」として食します。

現在の私たちが連想する細長い「蕎麦」は、正しくは「蕎麦切り」といい、ソバ粉と水、粘りを出すために小麦粉などの「つなぎ」を加えて練った後、定型に切ってゆで上げたものです。かつてはすべてが手作業でしたから、時間と労力のかかる食べ物でした。蕎麦切りはいつごろから食されたのでしょうか。

木曽郡大桑村にある定勝寺《じょうしょう》には、戦国時代に行った仏殿の修理にあたって、近隣の武士や住民たちから奉加（寄付）された物品の一覧が残されています。そのなかに「振舞《ふるまい》ソハキリ　金永」と出てきます。寺院で作業する番匠《ばんしょう》（大工）たちに振る舞われたのでしょう。これが、信濃国の記録に出てくる蕎麦切りの初見といえます。

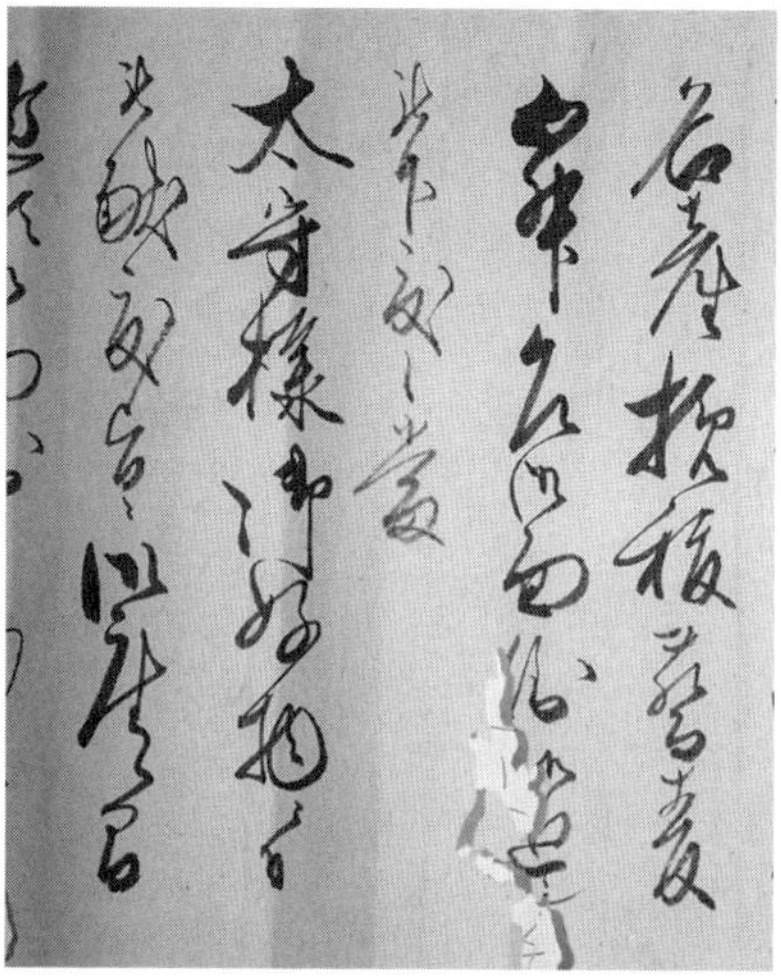
芦田宿本陣の土屋家に残る「大守様在国好物蕎麦献上願」。1行目に「名産挽抜蕎麦」、4行目から「太守様御好物にて　献ぜられたき旨御座候あいだ」の文字が見える（個人蔵）

江戸時代、中山道芦田《あした》宿本陣

の土屋伝左衛門は、紋付拝領《もんつきはいりょう》のお礼として、旧主越前藩家老依田源十郎に上質の蕎麦の地粉を献上していました。殿様が芦田宿を通行する際、その都度ソバ粉を献上しているので、書状から察するに、この殿様は相当の蕎麦好きだったのでしょう。芦田宿のソバ粉を使って蕎麦切りとして食したに違いありません。

蕎麦はいつ食べるものか

「蕎麦」という熟語を用いた言葉として思い浮かぶのは、大晦日《みそか》に食べる「年越し蕎麦」「歳取《としと》り蕎麦」、転居先のご近所に振る舞う「引っ越し蕎麦」があります。定勝寺の蕎麦切りも大工への振る舞い用に作られたものでした。当初、蕎麦切りは「晴れ（非日常）の場」の食べ物であったのでしょう。

実を挽《ひ》き、粉を捏《こ》ね、平たくのばして成形して、切り上げる。こうした複雑な手作業を経て生み出される蕎麦切りは、江戸時代には「手打ち蕎麦」と呼ばれ、もてなしの料理として広がっていきました。江戸時代の婚礼の献立には、しばしば「蕎麦」が見えます。これも婚礼という晴れの場で食された蕎麦切りだったと考えられます。天明年間（１７８１〜８９）の江戸市中で、有名蕎麦店が競って手打ちを自慢にしていたことも知られます。

しかし、穀物としてのソバが、高級食材として認識されていたわけではありません。

江戸時代の主要な穀物である「五穀」は、米・麦・豆・粟《あわ》・稗《ひえ》もしくは黍《きび》でした。五穀に含まれていないソバは非主流の作物なのです。

ソバは米や麦と比べて、高地で冷涼な地域でも栽培できます。また、穀物のなかで最も早く成長するため、年に2回収穫できる作物です。信州は深雪地帯や、山がちで日照時間の少ない高冷地帯が多くあります。こうした地域は米麦の栽培に適さず、ソバはそれらに代わる穀物として重宝されました。「蕎麦の自慢はお里が知れる」ということわざがありますが、質のいいソバは温暖で肥沃な土地ではできないということです。戸隠や黒姫、木曽など、夏でも冷涼で霧がまくような高地で生育する「霧下《きりした》蕎麦」は、

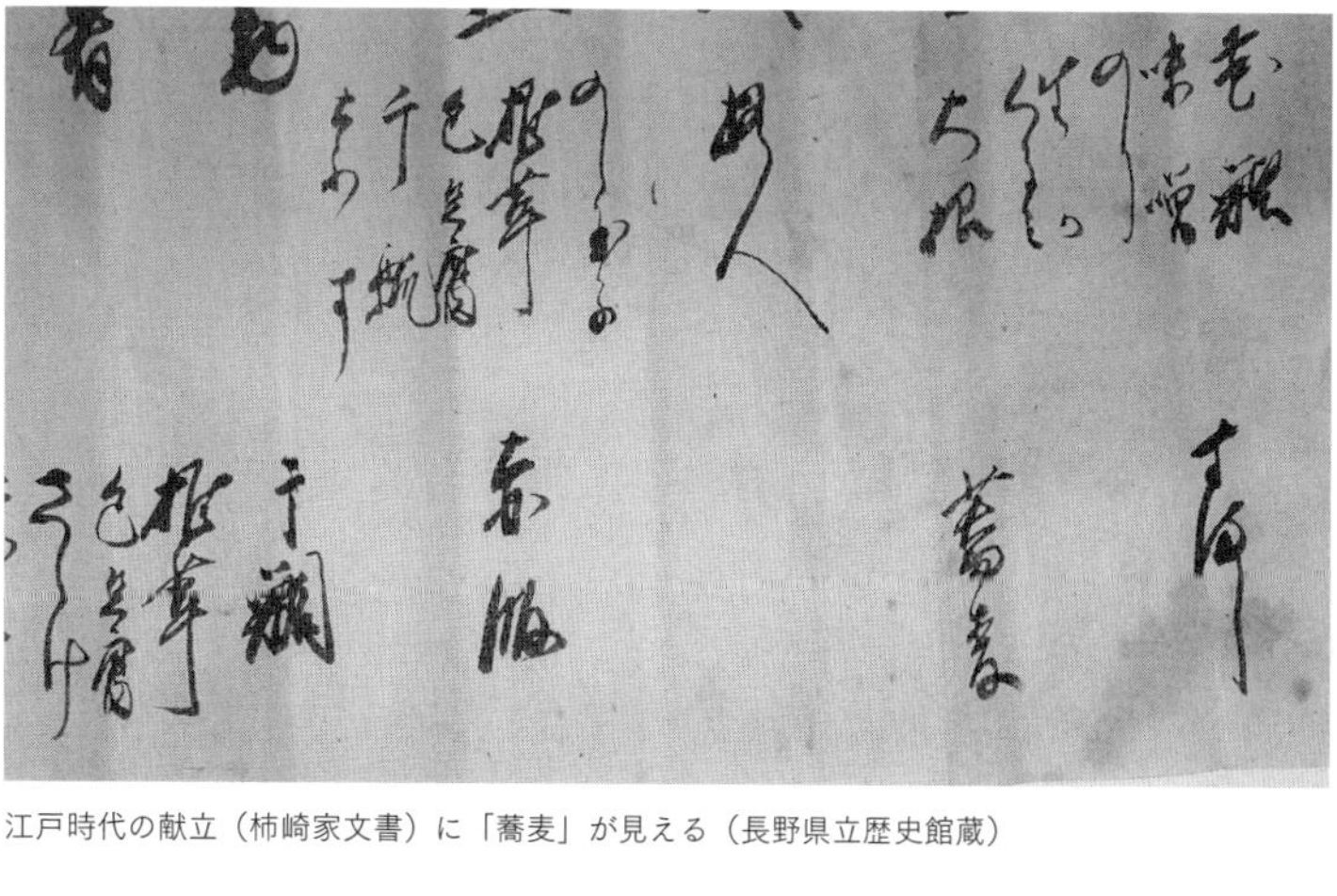

江戸時代の献立（柿崎家文書）に「蕎麦」が見える（長野県立歴史館蔵）

上質な蕎麦の代名詞でもありました。

一茶は「国がらや田にも咲かせるそばの花」という句も詠んでいます。ソバは干ばつや冷害で水稲の収穫の見込みが立たないことがわかった初秋であっても、水田に作付けして収穫することが可能です。飢饉《ききん》を防ぐための救荒《きゅうこう》作物としても優れていたのです。

多様な蕎麦文化

ひと手間かかる蕎麦切りが晴れの食事だったのに対し、庶民は焼き餅や蕎麦がき、蕎麦がゆなどとして日常的に食べることが多かったようです。焼き餅は蕎麦切りにせず、そのまま焼いたもの。蕎麦がきはソバ粉を熱湯でかき回し、醤油などで味付けをして食べるもの。蕎麦がゆは、ソバの実を水に漬け、弱火で煮込みました。いずれも、より簡易に調理できる点で「褻《け》（日常）の場」の食事といえます。特に焼き餅は持ち歩けたので、農作業時のファストフードでもありました。米が貴重な中山間地帯での大切な食事だったのです。

信州の蕎麦切りは地域によって、さまざまな食べ方があります。一般にソバ粉のつなぎには小麦粉が使われますが、飯山市富倉や長野市鬼無里、下水内郡栄村秋山郷などの深雪地帯では、キク科のオヤマボクチの葉の繊維を代用します。木曽町開田高原や松本市奈川では「投《とう》じ蕎麦」というかけ蕎麦が有名で、雉《きじ》肉を煮た汁に手籠に入れた蕎麦を漬けて、温めて食べます。ほかにも木曽地域には、乳酸菌の漬物であるすんき漬を刻んで入れ込む「すんき蕎麦」も食されています。

常備食として保存された「凍《こお》り蕎麦」は、ソバ粉100％で打った蕎麦切りを寒中に乾燥させたものです。熱い汁をかけると熱々の「かけ蕎麦」に戻るインスタント食品として、一茶の故郷である信濃町柏原地区で、いまでも作られています。（村石　正行）

いまも信濃町で作られている凍り蕎麦（信州黒姫高原ファミリーファーム提供）

「お茶飲んでいかない？」

お茶の役割

お茶は、コーヒーと並ぶ世界的な飲み物です。特に日本は緑茶や紅茶、ウーロン茶などさまざまな種類があり、茶葉を使わず、実などを乾燥させていれた麦茶やそば茶にも「茶」の言葉が使われています。スーパーやコンビニには多くのお茶が並んでいます。

休憩することを「お茶にする」といいませんか。来客があると、まずお茶を出しておもてなしをします。相談や話し合いの場として、喫茶店がよく使われます。「日常茶飯事」「お茶をにごす」など、日常会話にも「茶」の言葉は数多く使われています。

お茶は、おもてなしの気持ちや人とのつながりを深めたいなど、相手を思いやる日本人の心をよく表しています。飲み物として以上に、重要なコミュニケーションの手段なのです。

茶の原産地は、中国南部とする説が有力で、現在でも全世界の茶葉の約3分の1は中国で生産されています（国連食料農業機関2010年統計による）。中国でお茶の歴史が始まったのは、いまから2000年以上前とされています。

日本で最初のお茶に関する記録は、平安時代の弘仁6（815）年、嵯峨天皇が近江国（滋賀県）を訪れた際、永忠という僧が、お茶を煎じて振る舞ったというものです。お茶でおもてなしをしたのです。この時は「煎じて」振る舞ったので、「茶葉を湯に入れて飲む」現代と同じようなお茶だったと思われます。

鎌倉時代になると、喫茶の文化は大きく変化します。

このころ、日本に広まった禅宗の僧は、中国の禅宗寺院にならって集団生活をしながら修行を積んでいました。その儀式で、お茶が多く使われていました。例えば、禅寺に修行に入る際の儀式で、入寺希望者は面接の後、お茶を飲み、飲み終わるとお礼を言って入寺が許されます。つまりお茶を飲むことが入寺許可の意味合いを持っていたのです。

禅宗の寺の年中行事の儀式でも多くのお茶が使われ、一般の参詣者にもお茶が振る舞われました。このころには、煎じたお茶とともに、茶を粉にした抹茶による喫茶も行われていました。

鎌倉幕府が禅宗を重んじて後押ししたため、それとともに喫茶の文化も全国に広がっていったのです。

信州のお茶の歴史は飯田から

鎌倉時代、清拙正澄《せいせつしょうちょう》（1274〜39）という僧が開いたとされる寺が、飯田市上川路の開善寺です。

清拙正澄は、中国・元の福州（現福建省）生まれ。鎌倉幕府執権の北条高時が、日本でさらに禅宗を広げるためにと熱望し、嘉暦元（1326）年に来日し、鎌倉の建長寺や円覚寺、京都の建仁寺、南禅寺など、臨済宗の大寺院の住持《じゅうじ》（寺の責任者）を務めた高僧です。死後、大鑑《だいかん》禅師の名を贈られました。

開善寺は鎌倉時代末期の建武2（1335）年に、地元下伊那に勢力を持っていた小笠原貞宗が開基し、清拙正澄が開山したと伝えられています。開基・開山については、さまざまな説がありますが、小笠原氏との関係は深く、貞宗をはじめ、その後も小笠原氏からたくさんの援助を受けています。寺は発展し、室町時代になると、幕府が進めた仏教庇護《ひご》政策のなかで重要な寺院を指定した「十刹《じっさつ》」という格式を、信濃で唯一与えられました。

「大鑑清規《しんぎ》」とは、大鑑禅師（清拙正澄）が、禅宗寺院において僧が守るべき規範・儀

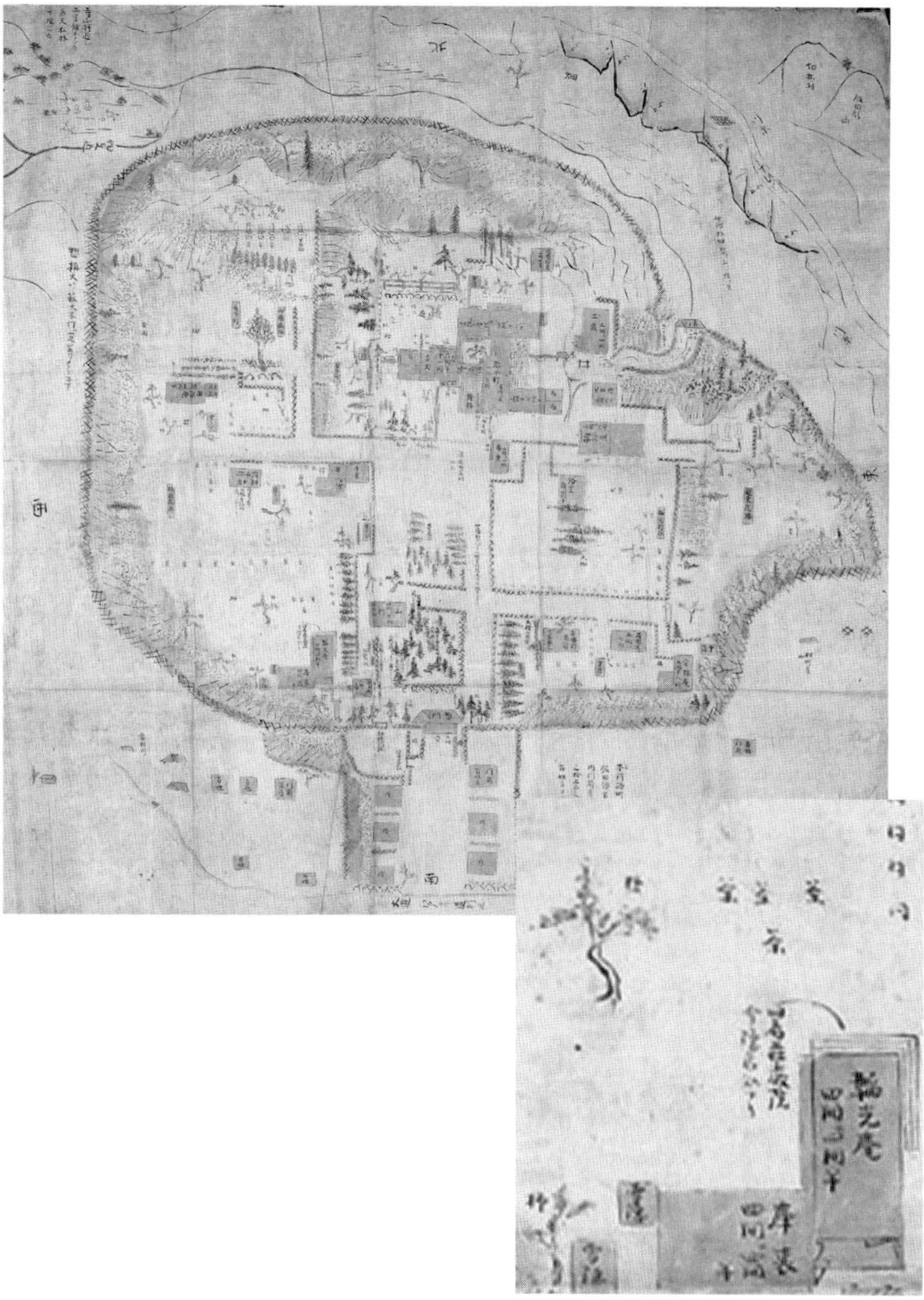

江戸時代の開善寺絵図。「茶」の文字が見える（開善寺蔵）

式を定めたものです。もともとは中国で定められた規範ですが、禅師はそれを日本の実情に合わせて定めました。ここに喫茶儀礼に関する記述が多くあります。やはり、禅宗の儀礼含め日常生活全般にとって、喫茶つまりお茶はなくてはならないものだったのです。

南信州は、気候が温暖でお茶の栽培が可能です。江戸時代の開善寺絵図には「茶」の文字がたくさんあり、お寺のなかでお茶が作られていた様子がうかがえます。境内にはいまでも茶の木が植えられています。

信州の喫茶の風習は開善寺で始まり、その後、伊那谷の寺院へ広がっていきました。

同時に、地元南信州の武士の間にも喫茶の風習が広がります。これは、開善寺とその教

現在の開善寺。境内にお茶の木が植えられている

えを受け継ぐ大鑑派の僧たちが、南信州で勢力を持っていた知久《ちく》氏や小笠原氏などの地元武士たちに尊敬されていたことが深く関係しています。信濃（長野県）と遠江（静岡県西部）、三河（愛知県東部）を結ぶ三遠南信自動車道建設に伴って発掘調査された中世の南信州の城跡からは、各種茶道具が見つかっています。

「和菓子の町」

お茶にはお菓子がつきものです。

飯田・下伊那地方は、和菓子の生産が盛んです。地元小学校の先生が行った調査によれば、飯田市における人口10万人あたりの和菓子専門店の数は約30軒で、県庁所在地である長野市の約15軒の2倍もあります。和菓子の本場ともいえる京都市の約31軒と肩を並べており、まさしく飯田は「和菓子の町」と呼ぶのにふさわしいでしょう。

ただ、同時に行われた和菓子屋の創業時期調査では、多くの店が明治以降でした。現在盛んな和菓子生産と鎌倉時代以来の喫茶風習とに、直接の関係性を見出すのは難しいですが、飯田・下伊那地方に長年根付いてきた喫茶の風習が、お茶には欠かせない和菓子の生産に影響を及ぼした可能性は十分に考えられます。

天正18（1590）年の豊臣秀吉の天下統一により、秀吉家臣の毛利秀頼が飯田城主となって以後、飯田は城下町として栄えました。江戸時代の元和3（1617）年、脇坂安元が新しい飯田城主として入城し、脇坂氏が寛文12（1672）年まで2代55年間にわたって統治します。この間に飯田城や城下町の整備が進められ、ほぼできあがったと考えられています。

初代の安元は、特に和歌に優れており、江戸などでも「武家第一の歌人」と称されていました。文化人として有名だった安元は、上方文化を積極的に取り入れ、和歌以外にもさまざまな文化的活動を行いました。喫茶の面でも、その活動の一端が見えます。

飯田市久米の光明寺には、寛文12年6月に進藤源助という人物が寺に寄進したと刻まれた茶臼が残っています。進藤源助は脇坂家の家臣で、光明寺のある久米村（飯田市久米）を管理していました。その年、脇坂氏が播磨国《はりまのくに》（兵庫県）龍野へ移封となり、飯田を離れることになりました。主君とともに移ることになった源助が、自分の管理地にあった光明寺に寄進したとも考えられます。寄進したものが茶道具だったところに、お寺と武士たちのつながり、さらにお茶文化の広がりが見てとれます。

城下町飯田のもう1つの特徴が「商業の町」です。

江戸時代、信州の商品輸送は中馬と呼ばれる馬に載せて行われていました。飯田は伊那街道・三州街道・遠州街道・大平《おおだいら》街道など街道が集まるところで、目的地別に荷物を付け替える必要があり、商業が非常に栄えました。

飯田経由で信州に入ってくる荷物のなかで、最も多かったのがお茶です。たくさんのお茶が商品として扱われ、飯田の町でもお茶は多く消費されています。

飯田では日常飲むお茶のほかに、文化としての茶道も盛んでした。その証拠として、飯田城下町遺跡の発掘調査では、商人たちの住んでいた場所から、茶碗はもちろん風炉、茶臼など数多くの茶道具が見つかりました。寺や武士たちだけでなく、多くの商人たちまで茶文化に親しんでいた様子がわかります。

飯田に限らず、信州各地の城下町遺跡の発掘調査では、江戸時代の茶道具が数多く出土して

飯田城下町遺跡から出土した茶碗（飯田市教育委員会蔵）

三水小学校の茶室。国登録有形文化財に指定されている

います。喫茶風習が、信州全体に広がっていた証しです。

根底に流れるお茶の心

県南の飯田から200㎞近く離れた北信濃に、茶室のある小学校があります。上水内郡飯綱町の三水小学校には昭和17(1942)年、地元の人々の寄付によって建てられた茶室があり、平成28(2016)年、国の登録有形文化財に指定されました。なぜ、小学校に茶室があるのでしょう。

この茶室建設に大きな影響を与えたのが、当時東京成蹊高等女学校(現成蹊大学)の校長だった奥田正造(1884〜1950)です。

奥田は、女子教育に茶の湯を取り入れた人物でした。信州にもたびたび訪れ、信州の女性教員などに「茶の心」を教えています。そこで学んだ教え子の教員たちが、信州各地の学校で「茶の心」を伝えたのです。

三水小学校の茶室も「歌道や茶道の実践による農村女性の望ましい教育」を進めていた歌人でもある当時の校長白鳥義千代(1891~1963)が、奥田に相談して建てました。

この教育は現在も引き継がれており、同校では男女問わず全校児童が茶室を利用して茶道教育を受け、茶道クラブの活動も活発です。学校教育にいまでも、「お茶の心」が活用されている例です。

お茶は、缶やペットボトルで簡単に飲めるようになりました。時代によってお茶に込められた思いは違っているかもしれませんが、お茶を出し、一緒にお茶を飲むことの根底にある「人をもてなす心」「人とのつながりを求める心」は変わっていないと思います。「信州人はお茶好き」といわれるのはこの心が強いからでしょう。お茶を飲むときに改めてこの心を思って飲んでみると、いつものお茶と味が違って感じられるかもしれません。

(中野　亮一)

保存食作りの達人

塩の道

山に囲まれた信州で生産できない食材といえば塩です。そのため、昔から海辺で精製された塩を輸入していました。

「塩の道」としては、糸魚川から松本に入る千国《ちくに》街道がよく知られていますが、信濃に入る街道はほとんどすべてが塩を運ぶ「塩の道」でした。日本海から信濃に入る塩を北塩と呼び、太平洋側から信濃に入る塩を南塩と呼びました。北塩は千国街道や北国街道を南下し、南塩は利根川や富士川、天龍川沿いに北上するルートをとりました。明治38（1905）年に専売制度ができるまでは、さまざまな地域の塩が信濃に輸送されていました。

伊那谷で用いられた塩は南塩で、太田切川以北は富士川を北上し、鰍沢《かじかざわ》（山梨県富士川町）経由で山梨・諏訪を経てもたらされました。上伊那地域では塩味が薄いことを「鰍沢が遠い」といいます（赤羽篤『田切ものがたり』より）。太田切川以南は三河湾から足助（愛知県豊田市）を経てもたらされる「足助塩」でした。江戸時代には、中馬と呼ばれる民間輸送業者が馬の背に大量の塩を載せて街道を往来しました。

食品は、そのまま放置しておけば細菌やカビが発生し、食べられなくなります。保存のポイントはいかにして腐敗菌の繁殖を防ぐかということです。

食物を保存する方法は、大きく3通りあります。加熱、乾燥、有用微生物の働きを生かす発酵の3つです。なかでも発酵は、目に見えないレベルの微生物の活動をコントロールする難しさはありますが、腐敗を防ぐだけでなく、栄養価を高めたり、味や香りをよくしたりすることができる技術です。乾燥させる加工法は、最も簡単で優れた方法の1つです。干した魚、肉、野菜、果物は世界各地でつくられてます。塩や香辛料の殺菌力を生かすものもありますし、チーズや味噌のように乳酸菌や酵母の発酵作用を用いて腐敗を防ぐ技術もあります。

山間地が多く、冬は雪と厳しい寒さのなかで暮らす信州人は、古くから食材を保存するこうした技術を育んできました。信州の保存食の大きな特色は、発酵食品の豊かさと質の高さにあります。味噌、漬物がその代表です。

人間ひとりが1年間に消費する塩は10kgほどといわれています。各家では家族分と客人ひとり分の塩を、味噌を仕込む春と、漬物を仕込む秋に購入していました。信州人にとって塩は大変貴重な食材だったのです。

信州代表は味噌と漬物

春、大豆を煮て米麹と塩を混ぜ熟成させて造る味噌は、「信州味噌」の名前で知られています。全国の味噌生産高の4割を占めます。昭和恐慌で深刻な打撃を受けた岡谷の製糸業者が味噌製造に進出したことや、戦時中、長野県農業会が軍事用乾燥味噌の製造を独占的に請け負ったことが背景にあります。平野の少ない信州で大豆の栽培が盛んだったことが、味噌文化を発達させせました。

味噌は、中国から朝鮮半島を経て、奈良時代には貴族たちの食卓に上っていたとされます。多くは麹を使わず、大豆を蒸して塩を加えて発酵させただけの豆味噌系のものでした。日本で味噌が造られるようになった起源には諸説ありますが、信州出身の僧、無本覚心《むほんかくしん》が鎌倉時代に宋から味噌の製法を伝えたという説もあり、長野県味噌工業協同組合連合会（長野市）の敷地にある味噌神社には、覚心が祭られています。

味噌は寺院を中心に普及しました。14世紀には、信濃の寺院も味噌造り用の大豆や塩を大量に購入しています。ただ、江戸時代初めでも飛騨・美濃（ともに岐阜県）・信濃では麹《こうじ》を使わずに味噌を造っていたという記録がありますから、豆味噌系のものだったのでしょう。室町時代には庶民の食卓にも上るようになり、味噌汁を米飯にかけて食べるようになりました。

上田市の民家で自家製の味噌造り。味噌玉を丸める

江戸時代に入り、米麹を加える方法が一般化したことで、大豆・米・塩の多彩な配合が可能になりました。地域の風土や原料の需給事情、食習慣を反映した特色のある味噌が生まれました。一般に信州の味噌は糖分が少なく、色が鮮やかで保存性の高い点が特色です。長期に熟成させることがよいとされ、「三年味噌」が好まれ

諏訪市豊田の大根の天日干し。歯ごたえのよいたくあん作りに欠かせない（信濃毎日新聞社蔵）

ました。自家製の味噌を「ウチミソ」といいます。家独自の味を大切にしたことから、「手前ミソ」という言葉が生まれました。

醤油《しょうゆ》は通常、大豆と小麦で造りますが、信州では醤油を造らず、味噌造りの過程でたまる液体を醤油代わりにしました。これを「タマリ」と呼びます。また、麹菌の発酵技術は酒造りにも応用され、質の高い地酒を生み出しています。

漬物を1年中食卓に備える習慣は、信州全域に見られます。特に晩秋、越冬・保存用に大量の漬物を仕込むことは全国でも信州が際立っています。信州各地の地菜が漬物の食材になります。塩と発酵の力で腐敗が進まず、しかも風味が増します。冬の間、長期間にわたり、植物性タンパク質の摂取が可能になります。

信州といえば、野沢菜漬です。野沢温泉村の健命寺の伝承では、江戸時代半ばの宝暦年間（1751〜1764）、8代目住職晃天園瑞《こうてんえんずい》和尚が京都に遊学した折、名産の天王寺蕪《かぶら》の種を持ち帰ったことに始まるといいます。近年のDNA研究で、野沢菜と天王寺蕪に直接の関係はないことがわかってきましたが、耐寒性に優れた蕪の一種が北信濃の寒冷な風土と食文化のなかで改良され、野沢菜漬が誕生したのです。

塩や味噌を使う漬物が一般的ななか、塩をまったく使わずに発酵させる漬物が木曽地方のすんき漬です。乳酸菌が発酵する際に作り出す乳酸の酸味で食材を保存する、世界的にも珍しい保存食です。

野菜を塩に漬けて保存したものを食する文化は非常に古く、世界各地にあります。中国のザーサイ、韓国のキムチ、ヨーロッパのピクルスやザウワークラウトなどはよく知られていますが、東南アジアも漬物文化が盛んで、タイには野沢菜に似た野菜を塩漬けにするパクドンがあります。日本では奈良時代の記録にウリや青菜などの漬物が見えます。

漬物を「香の物」と呼ぶのは室町時代からです。発酵によって香りが高まることに由来するといわれていますが、何種類もの香を聞き分ける「香道」の場で、鼻の疲れをとり、リセットする役割を果たしたからとの説もあります。茶の湯から生まれた懐石料理でも、食事の締めに香の物が出されます。味覚をリセットする効果があり、お新香《しんこ》ともいいます。

信濃でも、室町時代、寺院が大量の塩を購入している記録があります。江戸時代には祝儀の際の献立表にさまざまな「香の物」が登場します。

多彩な保存食

海なし県信州では、保存食としての「鮨《すし》（寿司）」が各地に根付いています。

鮨というと、握りずし、ちらしずし、いなりずし、巻きずしなどを思い浮かべます。酢で味付けした飯に、魚介や山菜などを載せたり混ぜ込んだりするもので、これは醸造酢が発達した江戸時代以降に登場したものです。

それ以前に鮨といえば、魚肉と塩と穀物（多くは米）を漬け込み、発酵させた保存食を指

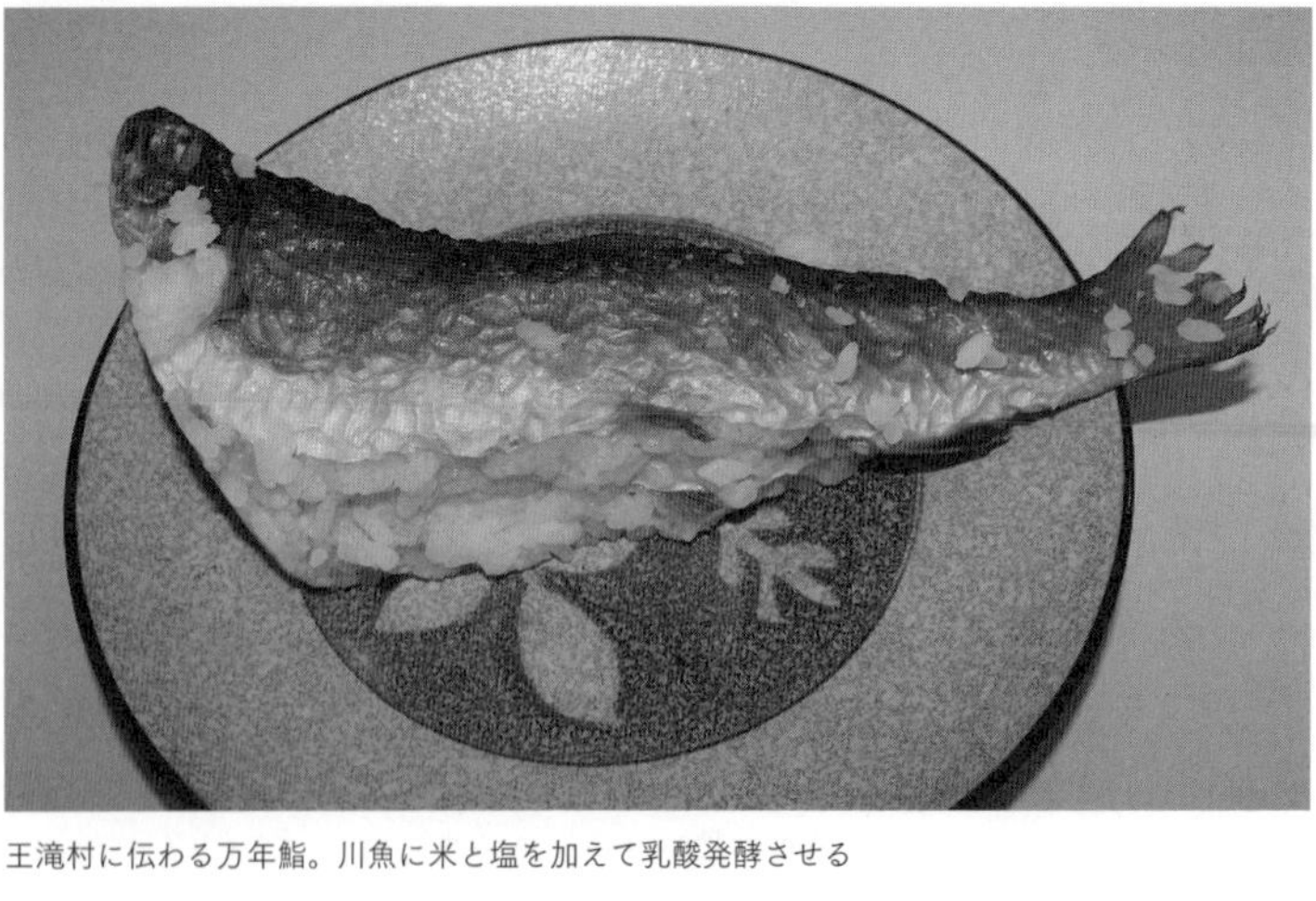

王滝村に伝わる万年鮨。川魚に米と塩を加えて乳酸発酵させる

しました。「ナレズシ（熟れ鮨）」と呼びます。東南アジアに起源があり、稲作とともに日本に伝わったといわれています。長期保存が可能なので、奈良時代には租税の1つとして朝廷に献納されていました。

木曽郡王滝村の「万年鮨」はイワナなどの川魚に米と塩を加え、乳酸発酵させて冬季の保存食とするものです。ナレズシの系統に属します。

元禄（1688〜1704）時代にはすし飯を箱に詰め、その上に魚介や山菜を載せて落としぶたをし、重しをかけて数時間押す「押しずし」が考案されました。長野県の選択無形民俗文化財に指定されている北信濃の「笹寿司」は、クマザサの葉を敷いて作る「押しずし」の一種でした。現在は、笹の葉を食器代わりにし、山菜を具にした酢飯に味噌漬けで味付けしたものが一般的です。

同じく長野県選択無形民俗文化財でもある飯田市伊豆木《いずき》の「鯖鮨《さば》」は、砂糖と酢のなかに一晩漬けた塩鯖を背開きにして酢飯を詰めるものです。海のない長野県では保存の利く塩鯖は貴重な食材でした。江戸時代初め、領主小笠原長巨《ながなお》が京都から製法を伝えたといわれています。伊豆木八幡宮の秋祭りに供えた晴れの食で、この塩鯖は愛知県岡崎から運ばれました。

「浜の相場は俄《にわか》に動く　伊那の伊豆木の鯖祭り」という言葉があります。伊豆木の秋祭りになると鯖の値段が上がるという意味です。神前に供えると同時に、氏子の家でも来客のもてなしとして作られるようになりました。

信州では発酵技術だけでなく、気候を利用した保存食作りも行われてきました。中南信地方は、冬は寒冷な上に乾燥します。この条件を利用して作られる保存食がいくつもあります。天草を原料とする寒天はその代表的なものですが、凍み豆腐や凍《し》み大根も保存が利くので、農家にとっては欠かせない保存食でした。豆腐の代わりに餅を凍らせる凍り餅も厳寒期に作る保存食でした。

風土や歴史を生かして発展をとげてきた信州の食文化は今、工業技術や調理法の発達、流通や生活習慣の変化によって、急速に姿を変えつつあります。新鮮な海の幸が信州の食卓に上るようになりました。しかし、山の幸・川の幸を巧みに利用し、厳しい冬の季節を乗り越える保存食を生み出した先人の知恵に学ぶことはたくさんあります。そしてこの伝統を次の世代に受け継いでいくことが大切です。

（青木　隆幸）

キュウリと塩イカの和え物は夏の季節料理

長野県の隠れた郷土食

塩イカ

キュウリに刻んだ塩イカを和えた料理がテレビなどでよく紹介されます。都会で暮らす信州出身の年配の方が、帰郷した折にスーパーで塩イカを買って行きます。「昔、田舎で食べたけれども、都会のスーパーには売っていない」と言ってまとめ買いするとか。

信州人しか食べないと言われる塩イカ。塩丸イカとも呼ぶこのイカは、いつごろから食べられてきたのでしょうか。

信州に入る物資は峠を越えてきます。信州への海産物は、牛や馬の背に乗せるか、人が背負って運ぶ歩荷《ぼっか》によってもたらされました。

江戸時代、糸魚川から松本方面には、糸魚川街道を通って荷物が運ばれました。越後国から信濃国に入るところに山口・虫川という関所が置かれ、糸魚川藩が荷物に運上金という税金をかけていました。「越後国山口・虫川関所出荷物運上金上納帳」の安政5（1858）年12月から翌6年5月を見てみます。

湯出《ゆで》いか　33箇半　樽附共
　右同（此役銀）　13匁4分
塩いか　20樽
　右同（此役銀）　8匁也
干いか　133箇半
　右同（此役銀）　80匁1り

※1匁は3・75g。1分は1匁の、1厘は1分の10分の1。

イカを加工して輸送する形態として「ゆでいか」「塩いか」「干いか」の3種類があったことが分かります。「ゆでいか」は茹でたイカ、「塩いか」はイカの内臓をとって、腹に塩を詰めたもの（加熱されていたかは不明）、「干いか」はイカを乾燥させたものです。

「ゆでいか」や「塩いか」は樽に詰められて運ばれ、運上金がかけられました。樽にイカを詰めて牛の背に乗せて大町方面に運んだものと思います。

茹でたイカや塩イカよりも、干したイカが圧倒的に多く扱われています。日持ちのことを考えると、干したイカがよかったのでしょう。

小県郡県村田中（東御市）の「越後屋」が、明治23（1890）年ごろから魚屋を始めました。明治21（1888）年に、のちの信越線が直江津（新潟県）から軽井沢まで開通し、新潟県から鉄道を用いて魚を仕入れ、荷車で小県地方に売り歩いたそうです。

昭和の初めごろの記録によると、半干しで塩漬けにしたイカ（シオスルメ）は8月ごろ、佐渡から直江津を経由し信越線で東信地方にもたらされました。

現在、長野県内で塩イカを製造している会社はありません。県内で流通している商品の多くは福井県の3社が製造しています。

そのなかの1社、吉川水産株式会社の吉川清則さんに話を聞きました。

かつて塩イカは5、6社で作っていた。三陸地方（1

社)や岡谷(1社)でも製造していた。当社は父の代から始めたから、50年くらい前からかと思う。そのころ父が長野県の塩イカは「佐渡産だ」といっていたのを記憶している。いま残っている会社では一番古くなってしまった。

昔はイカの腹に塩を詰めて出荷していたが、現在は塩分濃度20～23%の塩水に20時間漬け込んでパックする。

当社のイカは青森県八戸産を使っているが、他の2社はニュージーランド産を使っている。9月には年間に必要なイカを確保してしまう。塩イカの生産は4月に本格化して8月まで続く。

長野県内で、飯田、伊那、諏訪地方の人は年間で塩イカを食べる量が違う。南信が中心。

北信や東信では塩イカを食べる文化がなかった。

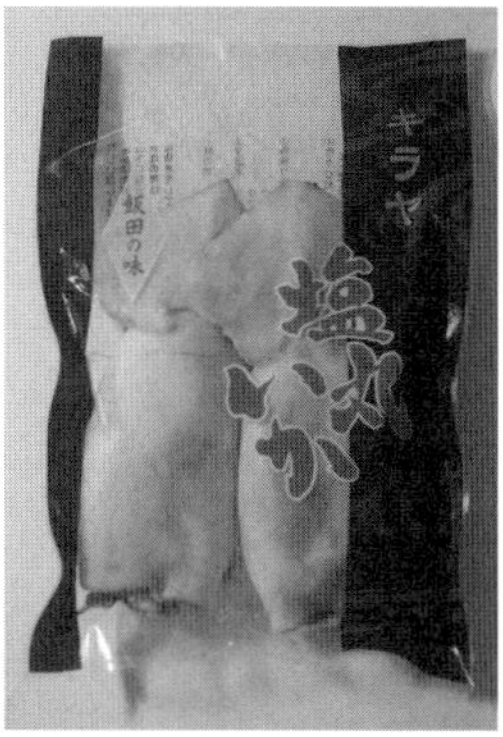

飯田市のスーパーで販売している塩イカ。ニュージーランド産イカを福井県で加工している

同じく福井県の山下水産有限会社の山下政美さんはこう言っています。

信州では昭和58年ごろ、塩漬けから現在のような水漬けパック詰めにかえた。食生活の減塩の影響である。

ただ、高山・中津川・郡上(いずれも岐阜県)ではイカの腹に塩を詰めたものをいまでも売っている。

長野県短期大学が2000年に行った聞き取り調査では、塩イカをよく購入する家庭は「南信12・8%、中信10・4%、東信2・9%、北信2・8%」と中・南信が多いことがわかります。海のない信州に塩イカを食べる食文化が色濃く残っています。

(小野　和英)

縄文時代の食卓

温暖化で食べるものが変わる

約1万6000年より前の旧石器時代、平均気温は現在や縄文時代に比べ7度以上も寒かったことがありました。

標高が100m上がると気温は約0・6度下がります（気温減率）。このことから考えると、標高800～1000mの八ヶ岳山麓は、旧石器時代当時、現代の2000m級の高原地帯に近い環境だったと想像できます。針葉樹や草原の広がる世界です。となると、このころの食材はなんでしょうか。ハシバミなど、草木の種実は少量しか期待できそうにありません。一方、見通しのよい草原なら、シカなどの動物を見つけやすかったことでしょう。加えて、当時はナウマンゾウやヘラジカといった大型動物がいました。そのため、旧石器時代の人々は肉を多く食べていたと思われます。

ところが、約2万年前から温暖化が進み、縄文時代草創期（約1万5000年前）には大きく気温が上昇しました。そして、同早期（約1万1000年前）以降は、現代に近い温暖な気候になりました。冷涼な高原から、1000m以上も山麓に下ってきたのと同じくらい、環境が変化したのです。これにより、信州ではブナやドングリなどの落葉広葉樹林が広がりました。

また、ナウマンゾウなどの大型動物が絶滅しました。針葉樹がまばらに生える平原で大型動物を追いかけ、うまくいけばおなかいっぱい肉が食べられる、といった人々の夢はかなわなくなったのです。そこで縄文人たちは、目の前に広がる森の恵みに注目し、危険が少なく、大量に採れ、保存も利くドングリなどを食の中心に据えていったようです。

食料確保の工夫

お宮の森裏遺跡（木曽郡上松町）では、竪穴住居跡の埋土から縄文時代草創期（1万3000年前）の炭化したクリやコナラ属の実が出土しました。

初期の縄文人たちは、渋みが強く、消化もよくないコナラなどのドングリを主に食べていたようです。縄文人も美味なクリの方がよかったのでしょうが、野生のクリの木は数が限られていたためです。

このころ、ドングリのあく抜きや煮炊きに使う縄文土器、植物を粉に加工する石皿や磨石などの道具が増えました。家財道具が多くなり、また、ドングリの森は大型動物と違って遠くへ行ってしまうこともないので、縄文人たちは竪穴住居を構えて定住生活を試みるようになりました。食の変化が生活スタイルにも影響を与えたのです。

ただし、ドングリだけだと栄養のバランスが悪く、採れる季節も偏ってしまいます。栃《とち》原岩陰《ばらいわかげ》遺跡（南佐久郡北相木村）で出土した早期（約1万1000前）の食材には、ナラ・トチ・オニグルミの他に、シカ・イノシシ・カモシカ・ウサギ・サルなどの動物、川魚や貝などが見られます。山菜などのように痕跡をとどめない食材を含め、さまざまなものを食べていたようです。また、食材を得るため、狩りの友としてイヌを飼い始めました。小動物を狙うための弓矢（石鏃《せきぞく》）や魚を釣るための釣針（骨製釣針）などを使い始めたこともわかっています。


縄文前期から中期（6000～4500年前）になると、八ヶ岳西南麓で縄文文化が花開きます。

縄文研究の第一人者、小林達雄さんが考案した「縄文カレンダー」を見ると、四季のある日本列島に住む縄文人が、季節ごとにさまざまな食材を調達していたことがわかります。なかでも、海で捕れる魚や貝、海から遡上《そじょう》するサケ・マスなどの割合が高いのです。ところが、八ヶ岳西南麓には海がなく、大量のサケの遡上も望めません。ではなぜ、ここに縄文文化が根付いたのでしょうか。

　彼らは地元の食材を増やし、他の資源を食料と交換する工夫をしていたようです。

　工夫の1つは、ドングリよりも大粒でおいしいクリを、大量に安定的に手に入れるため、自然の森をクリ林に変えていったことです。その証拠に、この時期の住居跡の炭化材や炭化種実の大半が、クリに変わっていきます。栽培種に近い大きさのダイズ

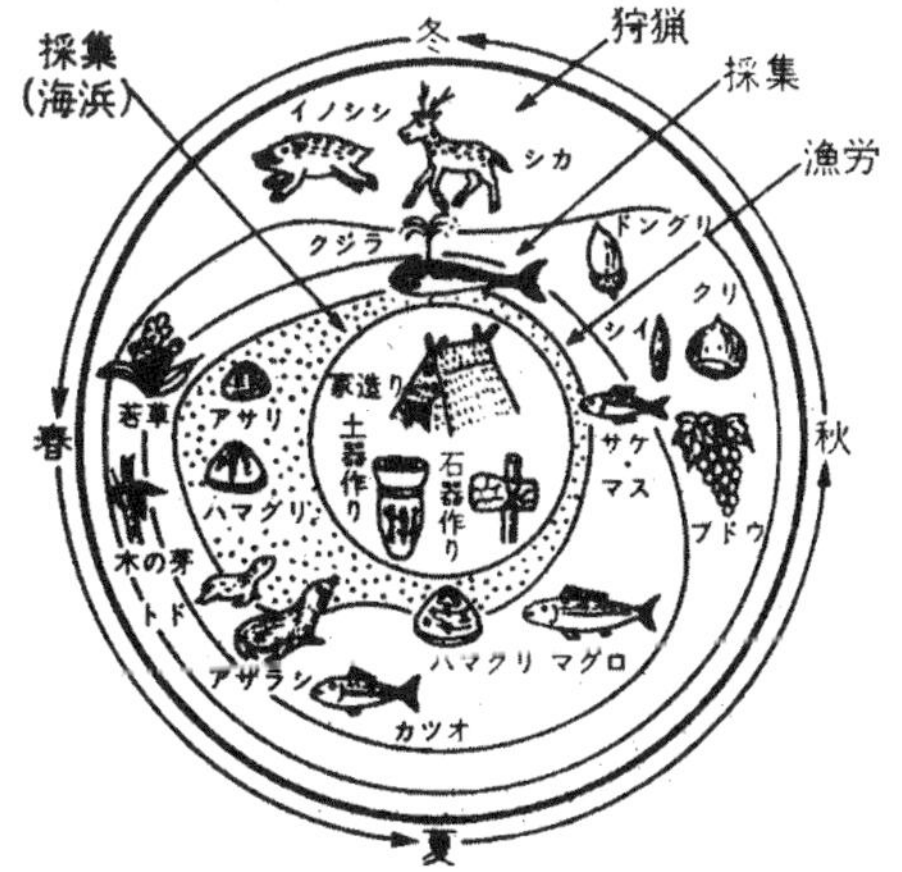

小林達雄さん考案の縄文カレンダー（『日本原始美術大系１縄文土器』より）

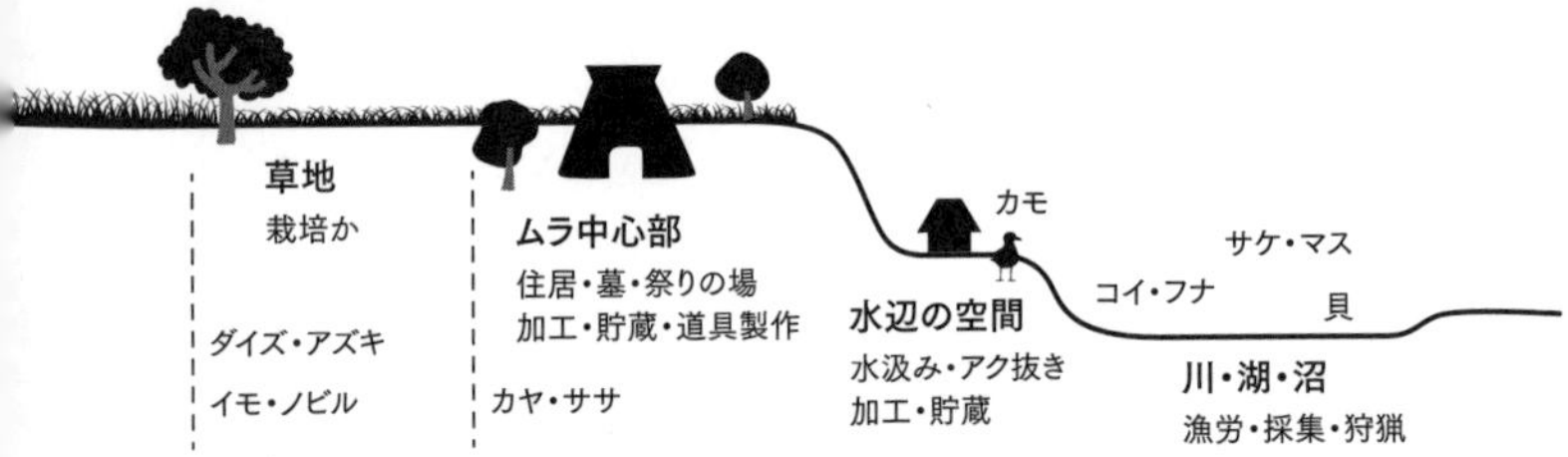

やアズキも発見されており、育てる工夫をしていたようです。

2つめは、標高800m付近の丘陵地帯、標高1000m超に広がる山麓地帯、標高3000m級の高山地帯といった多様な環境に生息する豊富な動植物を利用したことです。

そして3つめは、霧ヶ峰から八ヶ岳周辺に産出する黒曜石を食料と交換していたらしいことです。八ヶ岳山麓の遺跡では、穴のなかから交易用に保管していたと見られる黒曜石が多量に出土しています。同時に北陸や東海・関東の土器が見つかっています。海辺のムラから土器を携え、塩分やミネラル豊富な干物などの加工食品が運ばれてきたと考えられます。

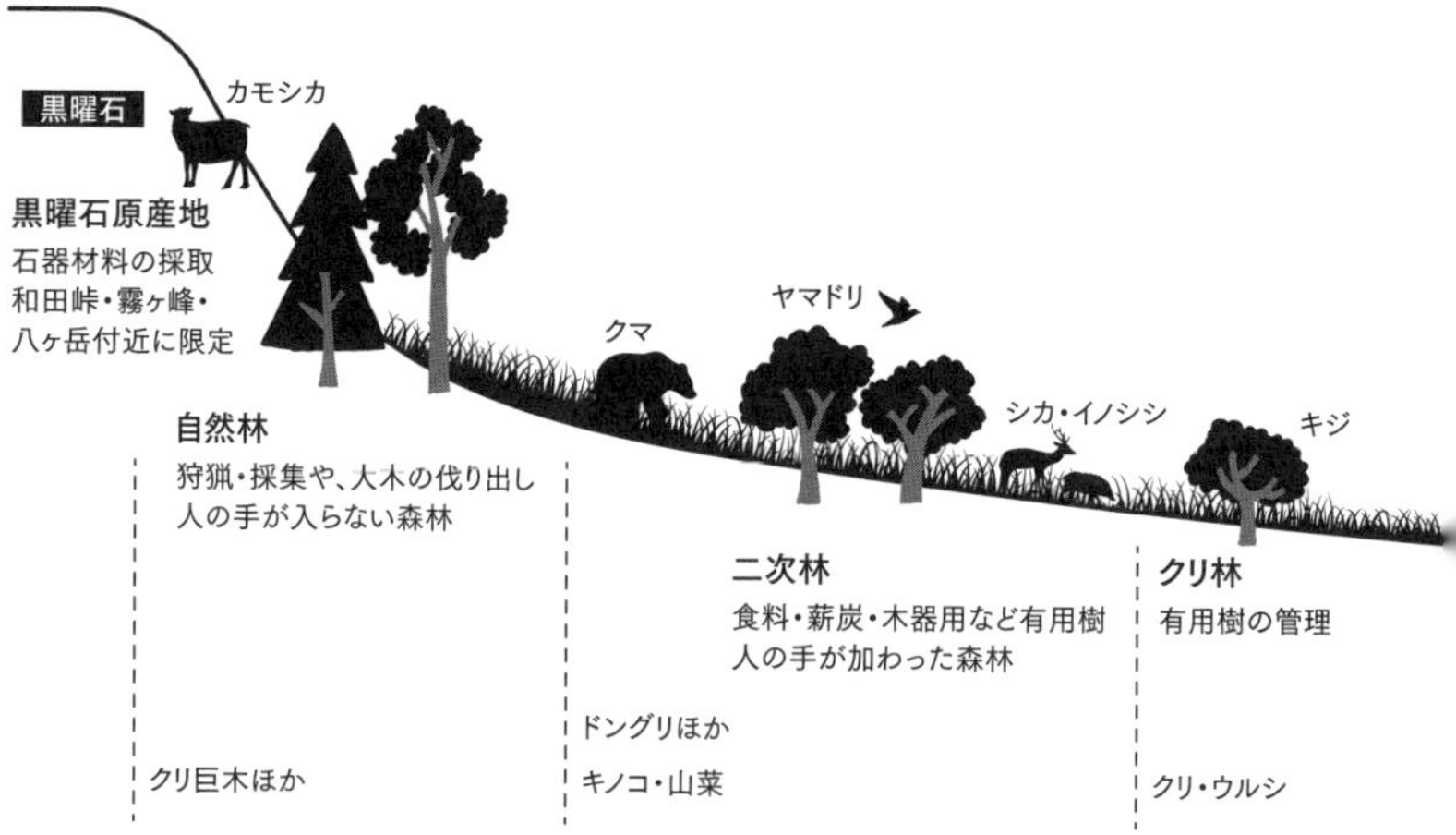

食材を手に入れる範囲と人の自然への働きかけ

寒冷化が進むなかで

約5000年前以降の縄文時代中期後半から後・晩期になると、段階的に、時には急激に寒冷化が進みました。北村遺跡（安曇野市）で出土した、ちょうどこの時期（中期末～後期）の埋葬人骨を調べると、彼らの過酷な生活が浮かび上がります。平均寿命は34歳です。

骨に残るタンパク質（コラーゲン）を分析すると、その人の食生活の傾向を知ることができます。タンパク質は食べ物から摂取するため、動物性のタンパク質をたくさん取っているのか、魚か、木の実か、穀物かなどの違いが骨に現れます。たとえば、北海道の北小金貝塚人の骨を調べると、海の魚に加え、オットセイなどの海獣を食べていたことがわかりました。では、内陸部の北村縄文人はというと、ドングリ類、あるいはシカなどの草食動物をよく食べていたことがわかりました。しかし、歯の観察からは、自然食材を使ったグルメで豊かな生活とはほど遠いことがうかがえます。歯のエナメル質が栄養不良や病気などによって変形するエナメル質減形成の症例が多く、しかも数年ごとに繰り返し発症していた人もいるのです。食料不足による飢餓状態に陥る場合がいくたびもあったと推定されます。

サケが遡上する犀川流域の北村遺跡でも、こうした状況でした。ましてやサケ・マスの遡上が期待できない八ヶ岳西南麓では、遺跡数が激減しました。

長野県内の遺跡数が再び回復するには、本格的な農耕の到来する弥生時代を待たなければなりませんでした。

（寺内　隆夫）

カマドまでの長い道のり

信州で最も古い炉跡

日本列島で火の使用を示す焼け土や炭化物の痕跡は、後期旧石器時代の初頭、約3万5000年前までさかのぼります。しかし、確実な「焚《た》き火跡」となると、今のところ約2万年前の田名向原《たなむかいはら》遺跡（神奈川県）の住居状の遺構に見つかる「跡」が最初のものです。

宮ケ瀬《みやがせ》遺跡群サザランケ遺跡（神奈川県）では、川原石を並べて造る「石囲炉《いしがこいろ》」の跡も出現し、火の使用の範囲（調理法）がこの時代に広がったことがわかります。もう少し時代が下ると、上ノ原遺跡（上水内郡信濃町）や休場《やすみば》遺跡（静岡県）などにも石囲炉が見つかります。上ノ原遺跡では発掘調査範囲内に1・5m間隔で5つもの炉跡を設けていたことがわかっています。

旧石器時代の人々は、狩猟や採集を行いながら動き回る「遊動生活《ゆうどう》」をしていたと考えられています。複数の炉跡がある上ノ原遺跡の発見例からは、同じ場所を数回にわたり使用した、あるいはいくつかのグループが集まって遊動したことなどが想定されます。

ちなみに、人類と火との出会いはいつのことでしょう。北京原人の活躍した前期旧石器時代、約50万年前の中国周口店《しゅうこうてん》の遺跡で、焼け土が発見されていることから、そのころだと考えられています。

火の使用は、暖房や照明あるいは害虫対策や猛獣から身を守るなど、生活に関わるさまざまな知識を人類に与えてくれました。しかし、なにを置いても、調理法など食べ物の取り方に大きな進歩をもたらした点で、人類社会の形成を支えた重要な発見といえます。

土器と炉がもたらした調理革命

約1万5000年前、日本列島で土器が発明されます。長野県では、貫ノ木《かんのき》遺跡（信濃町）で、全国的にも最古級に位置づけられる例が発見されています。

土器の出現は、食物の煮炊きと調理物の保存を可能にし、食料の範囲を格段に広げました。また、土器作りの普及は、人々を土地に固定し、定住生活を後押ししたことで、炉が住居とより密接な関わりを持つようになりました。

1万年以上も縄文時代が続く間に、さまざまな炉の形態が生み出されました。地面を浅く掘りくぼめた「地床炉《じしょうろ》」を基本に、礫《れき》や土器破片を炉内に敷き詰めた「礫敷炉《じきろ》」や「土器敷炉」、土器を炉内に埋めた「土器埋設炉」、炉の周りを石や土器破片で囲んだ「石囲炉」や「土器片囲炉」などがあります。日本列島に炉が広く普及し、最も発達するのは縄文時代中期で、この後半期には東北地方南部を中心に、2つ以上の炉を持つ「複式炉」も発達します。

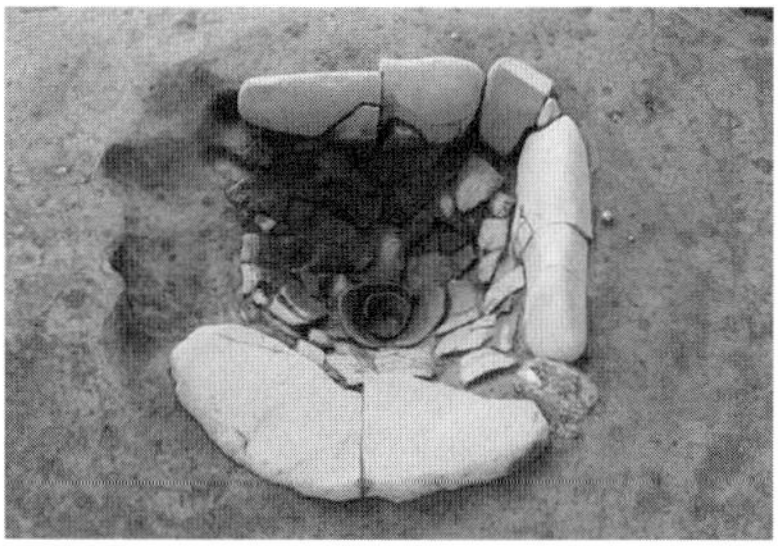

山鳥場遺跡（朝日村）で発見された土器敷炉
（長野県埋蔵文化財センター提供）

井戸尻《いどじり》遺跡（諏訪郡富士見町）の調査によれば、土器埋設炉から、土器埋設を伴う石囲炉、そして大形で長方形の石囲炉への変化が認められます。特に、掘り込みの深い立派な炉は長野県の特色で、木の実や山菜などのアク抜きに使う灰を、より多く集める目的があったと考えられています。埋設された土器のなかでは、蒸し焼き料理を行っていたのでしょう。

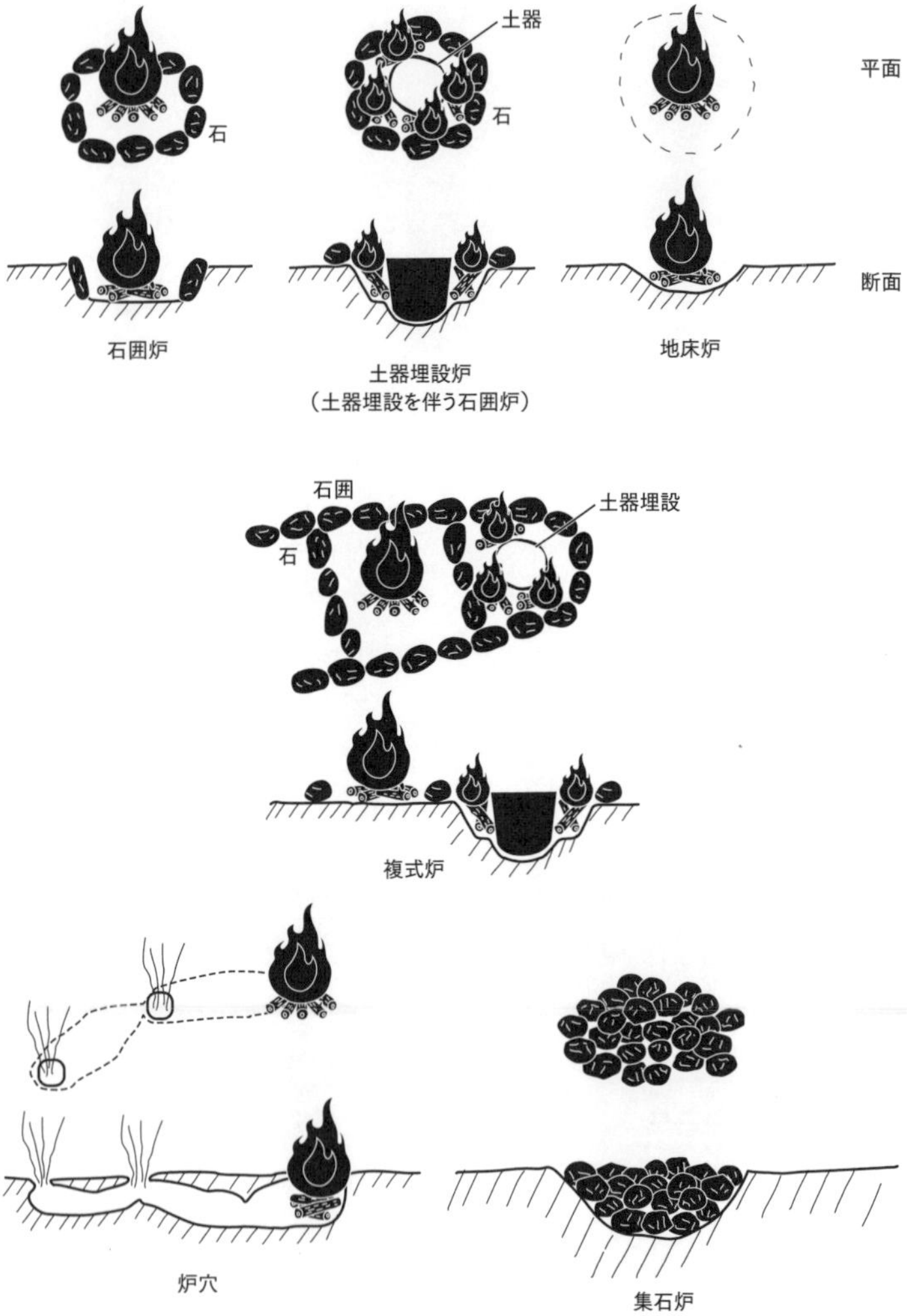

さまざまな形態の炉

曾利《そり》遺跡（同富士見町）や伴野原《とものはら》遺跡（下伊那郡豊丘村）からは、「パン状炭化物」と呼ばれるおやき状の食べ物が発見されています。伴野原遺跡から見つかった、この食べ物には、エゴマが練り込まれていたとする分析があり、出土した土器の素地にはアズキの混入もあったとされています。このことから縄文時代の食料事情、とりわけ豊富な植物質食料の利用状況をうかがい知ることができ、縄文時代に栽培が始まったとする学説を補強しています。

伴野原遺跡から発見されたパン状炭化物
（豊丘村教育委員会提供）

縄文時代も後期に入ると、炉の形態は地床炉及び石囲炉に単一化されてきます。精製《せいせい》の土器と、粗製のあまり飾られない土器が作り分けられ、粗製の土器は煮沸専用に特化して、大きさも含め、いくつかの種類が生まれました。容器としての土器の作り分けは、調理法の多様化を反映したものと考えられます。

やがて石囲炉も姿を消し、住居内にあった地床炉が屋内炉として弥生時代へと引き継がれていきます。

一方で住居の外、屋外に設けられた炉もあります。

旧石器時代の調理法は、もっぱら焼くことであり、単なる炉だけに留まらず、地面を掘って小石を放り込み、石蒸し料理を行う「礫群」と呼ばれる施設もありました。肉類はもちろんのこと、木の実やヤマイモなどを焼石で調理していたのでしょう。

これとほぼ同じものが縄文時代にもあり、「集石炉《しゅうせきろ》」と呼ばれています。長野県では、山ノ神遺跡（大町市）や向陽台《こうようだい》遺跡（塩尻市）に縄文時代早期の例が発見されています。縄文時代前期を過ぎるとあまり見かけなくなりますが、関東地方では縄文時代中期の初めごろまでよく見られます。

このほか「炉穴（ファイヤーピット）」と呼ばれる、地面を深く掘り抜いた屋外炉があります。長だ円形の炉穴や、アメーバー状に複数の炉穴を持つものがあり、集石炉とともに調理施設との見方もありますが、その実態はよくわかっていません。

炉からカマド、そしてイロリへ

弥生時代は、米の登場という食料生産の飛躍期を迎えます。しかし、縄文時代から継承された地床炉には、構造的な変化は起こりませんでした。その代わり、土器作りにさらなる変化が起こります。弥生土器には、壺・甕《かめ》・高坏《たかつき》などの種類があり、特に甕形の土器は、煮炊きに適するように胴部の張る薄手の作りで仕上げられています。松原遺跡（長野市）の分析によれば、甕の容量は3～4ℓを境に大きなものと小さなものに作り分けられ、炊飯とおかず作りの使い分けを示していると考えられています。大きな甕には吹きこぼれの跡が見られることから、固粥《かたかゆ》状の調理が行われたと考えられます。

　約1600年前の古墳時代中期になると、いよいよ「カマド」が登場します。カマドは日本列島内で独自に発生したとする説もありますが、朝鮮半島から伝わり、列島内で発達したとする説が有力です。

　カマドが導入されると、容器としての土器に、さらなる変化が起こります。カマドにふさわしい長胴《ちょうどう》甕が発達し、カマドにこ

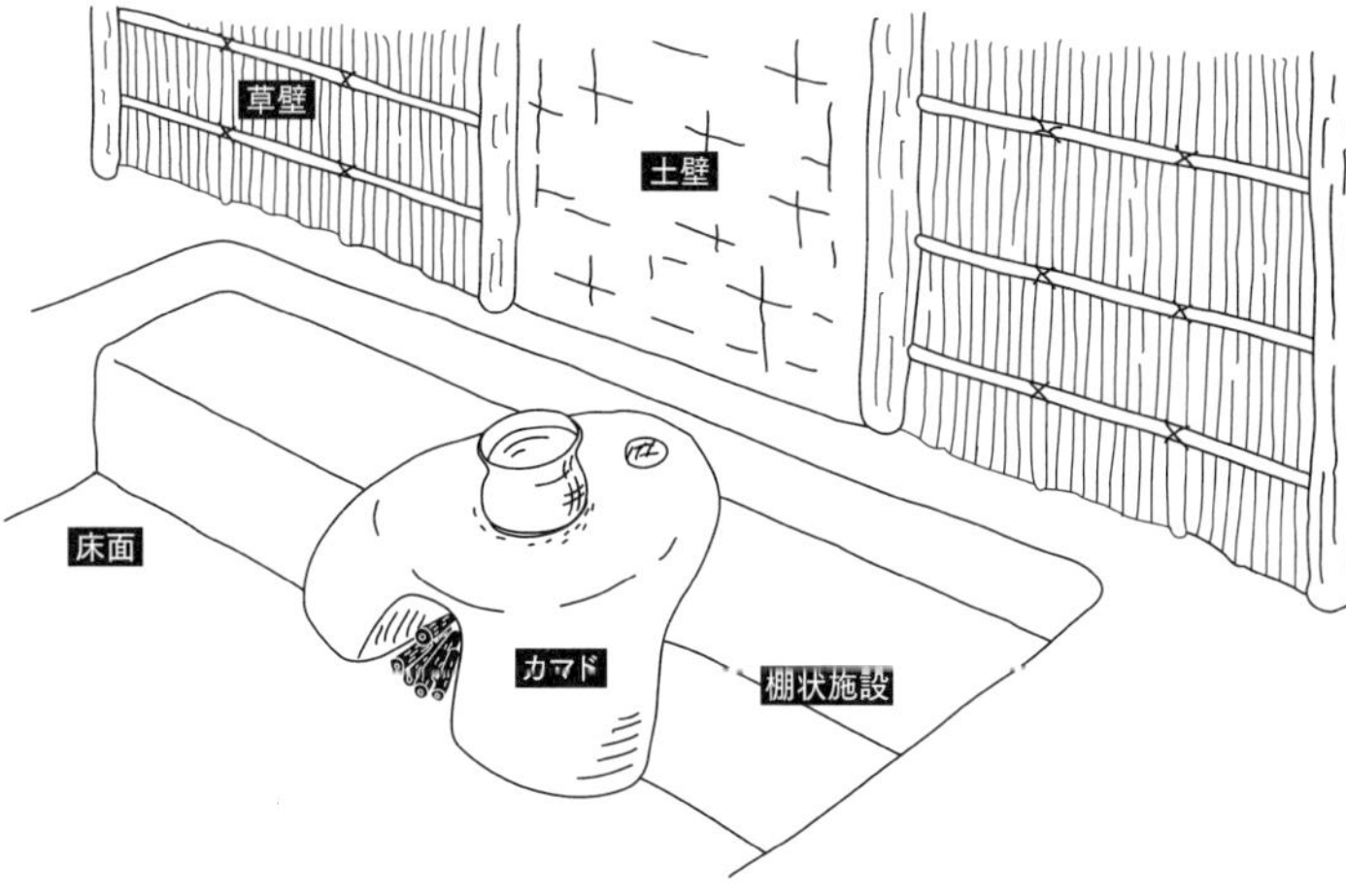

古墳時代中期に登場したカマド（「発掘調査のてびき」（文化庁）のイラストを元に作成）

現在も使われている可動式カマド

の甕が2、3個固定できるようになります。大陸から伝わった甑《こしき》とセットで米を蒸して調理したと考えられています。米のほか粟《あわ》、稗《ひえ》も蒸して、麦や豆などは煮て食べられたと考えられます。

長野県のカマド出現は、日本列島にカマドが伝わって間もない約１５５０年前で、全国的にも古い時期にあたります。本村東沖《ほんむらひがしおき》遺跡（長野市）や大平《おおだいら》遺跡（飯田市）で確認されています。ことに大平遺跡では、住居の床が2枚重なって発見され、住居中央部分の地床炉から北西側の壁に造られたカマドへと移り変わる様子が見られるとの分析があります。

通常、カマドは住居などに造りつけられたものを指しますが、「可動式カマド」と呼ばれる移動できるカマドも存在します。西日本に分布し、近畿地方では約１５００年前ごろに登場します。東日本へはあまり普及しませんでしたが、長野県では小山崎遺跡群反田《そりた》遺跡（佐久市）で、約1050年前の平安時代の資料が発見されています。

奈良時代もしくは平安時代には、住居の構造が竪穴式から高床式へと変わっていきます。高床式の建物では板の間に炉が造られ、カマドは別棟か土間などの空間に設りられたと考えられます。社宮司《しゃぐうじ》遺跡（千曲市）で発見された2軒の竪穴式の建物は、内部にカマドを持ち、さらに建物外の大溝までつながる素掘りの溝や木樋《もくひ》の排水施設を伴っていました。これはもはや、竪穴式の建物が寝起きをする場所ではなく、炊事場か作業場に変化していた可能性を示す例といえます。

約950年前の平安時代末期になると、長野県では長胴甕に加えて羽釜《はがま》が出現し、炊飯や湯沸しのための鍋がカマドに1個据えられるようになります。このころ、大阪府周辺では土製釜から鉄製釜への変化も現れ始めます。以後、昭和時代まで、カマドは日本の食文化を支える炊事設備として使用されていきます。しかし、東日本では室内に暖をとる必要性から、江戸時代にはカマドが衰退し、住居の中心位置に炊事のできる「イロリ」が現れます。イロリには鉄輪と自在鉤《じざいがぎ》がかかり、鉄輪は釜と甑で蒸す目的に、自在鉤はつることで煮る目的に使われて、日本人の食事を支えました。

（町田　勝則）

戦後すぐの台所。カマドで薪を焚いている（熊谷元一写真童画館蔵）

スイッチひとつで簡単調理

キッチン

英語で台所を意味する「キッチン」は、「火を使って調理するところ」というラテン語（co-quina）に由来します。調理をするときは、鍋やフライパンを火にかけ、煮込んだり、炒めたり、揚げたりします。火は調理に欠かせない大切な道具なのです。

調理の火は、ごく当たり前のようにガスコンロやIHヒーターという電気調理器のスイッチを押すだけで得られます。「火をおこさなければ」と真剣に考える人はいません。火力の調節も簡単です。

最も早い時期に登場した電気調理器といわれるのが電気炊飯器や電気トースターです。昭和30（1955）年です。電子レンジは昭和41（1966）年に発売され、普及率が5割を超えたのは昭和60（1985）年です。須坂市に本社を置く山久プロパンによれば、家庭用プロパンガスが長野県で普及しはじめるのは、昭和40年代でした。つまり、見慣れた台所の主な調理器具は半世紀ほど前に使われ始め、「火」を電気やガスから得ているわけです。

それより前、台所では「火」を得るために炭、薪、練炭などが使われていました。炭や薪は山野から手に入れます。練炭は石炭を粉末にして整形したもので、大正年間に一般家庭にも普及し始めました。

炭、薪、練炭は燃やすと煙や煤《すす》がでます。当時は、どの家でも台所は、天井や壁、家具などが煤けて黒くなり、台所全体がとても暗い感じがしました。昭和40年ごろから調理器具が電化されはじめ、煤や煙がでなくなるとともに、昭和50年代には機能的な収納スペースを確保したモダンなシステムキッチンが普及しはじめます。この半世紀で、台所はとても明るく、清潔な場所になったのです。

現代の台所にはたくさんの調理器具があります。前述の電気炊飯器やトースター、電子レンジをはじめ、コー

昭和41年当時最先端だった、居間やダイニングとつながったキッチン（信濃毎日新聞社蔵）

ヒーメーカー、ミキサーなどなど。電気かガスを動力にするものばかりです。これらの調理器具はいつ頃私たちの家庭に入ってきたのでしょうか。

冷蔵庫がテレビ、洗濯機と並んで「三種の神器」と呼ばれて人気を博したのは昭和30年代です。昭和40年頃都市部では7割近くまで普及しました。しかし、農村ではわずか15%、7軒に1軒ほどの普及率に留まっています。南信地方の私の家では、冬に新巻サケを購入すると、台所につるして保存していました。塩がたっぷり塗り込まれて、常温保存が可能だったのです。

買い物は近くの小売店で、その日必要な食材を購入するという生活でした。家には買い物かごがあり、買い物にいくことを「おつかい」などと呼びました。夕方にはおつかいを頼まれた子供たちがかごを提げて歩く姿があちらこちらで見られました。

セブンイレブンが県内の出店を加速していた昭和53年夏にオープンした長野市内の店舗（信濃毎日新聞社蔵）

当時の冷蔵庫は小さな製氷室が付いているだけで、食品を冷凍保存することはできませんでした。大型の冷凍室を備えた複数ドアの冷蔵庫の発売は昭和40年代半ばです。電子レンジの普及とともに、大手食品メーカーが冷凍食品市場に参入しはじめます。大型商業施設で食品を買いだめ、食材を冷凍して保存するという習慣は私たちの食生活の歴史のなかではごく最近のことです。

＊＊＊

昭和40年後半にはコンビニ、大手外食チェーンが次々にオープンしました。大手ハンバーガーショップの日本上陸とカップ麺の発売開始は昭和46年、長野県初のコンビニは昭和50年、長野市に誕生しました。平成元年ごろから24時間営業が始まります。

ほしい食品をほしいときに購入できる環境が整うことで、私たちは食品を保存することの大切さ、難しさを考える機会が少なくなりました。


（青木　隆幸）

土器は鍋料理の元祖

県内各地の縄文土器

日本列島に土器が登場したのは、今から約1万6000年前、旧石器時代最後の細石器文化が終わろうとするころです。本州と九州でのこの土器出現は世界的にも最古級の年代ですが、日本列島の土器の起源については、まだ明らかにされていません。この土器（器）の発明がなかったら、我々は焼き肉やサラダは食べられても、鍋料理や煮込み料理は食べられなかったことでしょう。

世界各地に土器が出現したころ、運搬や煮炊き・貯蔵・盛り付けなど多様な用途に使用した農耕民の土器文化と、煮炊きに使用した深鉢形土器を中心に使用した食料採集民の土器文化の2系統があったとされています。

縄文土器は食料採集民の土器の系譜と考えられていて、一貫して回転台や轆轤《ろくろ》を使わずに粘土紐を積み上げて成形し、窯《かま》で焼くのではなく、600度から800度の野焼きによって作られた軟質の素焼き土器です。

縄文時代草創期（近年の放射性炭素較正《こうせい》年代で約1万5000年前。以下同）の土器は、丸底あるいは尖底で、土器出現前に使用されていた編籠・樹皮籠や革袋などを模倣した可能性が考えられています。この時期の土器は、ほとんどが煮炊き用の深鉢形土器です。

石小屋遺跡の丸底土器。約1万5000年前の縄文時代、煮炊きに使われていた（國學院大學博物館蔵）

長野県内では、ナウマンゾウで有名な野尻湖周辺の貫ノ木遺跡や星光山荘B遺跡（上水内郡信濃町）、石小屋遺跡（須坂市）、中島B遺跡（岡谷市）ほかで発見されています。貫ノ木遺跡で発見された多くの土器片の内面には炭化物（おこげ）が付着していたことから、煮炊きに使われた器であった証しとなっています。付着炭化物を放射性炭素年代測定にかけたところ、約１万５０００年前の土器であることも確認されています。

早期（約１万１０００年前）になると、縄文土器の特徴となる口縁部を波状にしたり突起を付けた土器が現れます。

このころ、浅間山山麓や八ヶ岳山麓あたりでも気候の温暖化が進み、ドングリなどの落葉広葉樹林帯が広がり始めます。県内では三田原遺跡（小諸市）や、岡谷市から塩尻市に広がる樋沢遺跡などで、早期の土器が発見されています。

前期（約６０００年前）には、関東地方や中部地方で浅鉢・台付鉢などが登場します。長野県立歴史館常設展示室の原始コーナーで復元展示されている阿《あ》久《きゅう》遺跡（諏訪郡原村・国史跡）や松原遺跡（長野市）などでも発見されました。煮炊きを目的にした土器の底は、尖っているか丸いかのどちらかです

盛り付けや貯蔵のために平底が主流だった縄文人の土器（原村教育委員会蔵）

が、前期以降、温暖化が進み縄文人たちの定住化が進むにつれ、盛り付け用や貯蔵目的の土器が増え、底も平らになっていきました。

土器への過剰なまでの装飾が進み、華やかで芸術的な土器が作られるようになるのは中期（約5400年前）です。特別なランプとして使用されたと考えられている釣手土器や太鼓とも酒造りの道具とも考えられている有孔鍔付《ゆうこうつばつき》土器も登場します。県内の中期の土器は、ともに重要文化財の土器が出土した川原田遺跡（北佐久郡御代田町）や藤内遺跡（諏訪郡富士見町）ほかで発見されています。

後期（約4500年前）には、注口《ちゅうこう》土器をはじめ、さらにさまざまな儀礼用の土器が使われます。また精製土器と粗製土器の差がはっきりし始め、特に後者には華やかな装飾が付けられなくなります。県内でも、村東山手遺跡（長野市）や梨久保遺跡（岡谷市）などで発見されました。特に村東山手遺跡は、国史跡の大室古墳群大室谷支群下の地中に眠っていた遺跡で、大室古墳群は合掌形石室を持つ積石塚古墳群でも知られています。

大正5（1930）年に札沢遺跡（富士見町）で発見された釣手土器。ヘビの意匠が凝らされた取っ手が付く珍しい土器（長野県立歴史館蔵）

晩期（約３２００年前）になると、気候の寒冷化が進み、人口の減少化が進みます。これに合わせるかのように、後期以来の土器が使用されるものの土器への装飾化が減っていきます。佐野遺跡（下高井郡山ノ内町・国史跡）や、耳飾りが大量に出土したエリ穴遺跡（松本市）などで発見された土器がこれにあたります。

大河沿いに生まれた信州の２つの文化圏

今から約２５００年前、信州でも弥生時代を迎えると、縄文土器は一斉に姿を消します。日常生活で使ったであろう深鉢形や浅鉢形に限らず、儀礼用のさまざまな土器もすべてです。

その時代、長野県内には日本海へそそぐ千曲川水系、太平洋へそそぐ天竜川水系と、２つの大河に沿って稲作文化が伝わり、異なった文化圏が誕生します。弥生時代中期（２３００〜２０００年前）には、両水系で甕《かめ》・壺などを主体とした同じような土器文化圏が形成されていましたが、後期（２０００〜１７００年前）になると文化圏の違いがはっきりしてきます。

約２０００年前、千曲川水系には「箱清水式文化圏」が形成されました。土器は、甕・壺・

高杯《たかつき》・鉢という組み合わせがさらに明確となり、甕や壺には回転台を使用しない櫛描文様《くしがきもんよう》が施され、壺・高杯・鉢のほとんどが赤く塗られた箱清水式土器になるのです。後背湿地での水田耕作が進み、石器の農耕具類が徐々に姿を消し、木製農具や鉄製農具へと変わります。

一方、天竜川水系では「座光寺原・中島式文化圏」が形成されます。土器は壺と甕を主に高杯を加えた組み合わせで、壺と甕には回転台を使って櫛描文様を施した「座光寺原・中島式土器」です。段丘面への開発が進んで段丘面での陸耕が主体となり、農耕具類は箱清水式文化圏とは異なり、もっぱら縄文時代や弥生時代中期以来の打製石器が用いられました。

弥生土器と縄文土器との大きな違いは、土器の種類によって使う目的がはっきりしたということ

栗林遺跡（中野市）から出土した栗林式土器。この土器が千曲川水系弥生時代中期土器の基準となる（長野県立歴史館蔵）

です。煮炊き用だった縄文土器の深鉢は甕に変わり、新たに貯蔵用の壺が登場し、甕と壺で弥生土器の8割を占めます。これに加えて食事やお供え用の器として鉢・高杯・器台も登場し、日常の食生活に使用する土器（器）の形や器種が大きく変わります。まさしく、食料採集民であった縄文人の土器から、農耕民であった弥生人の土器への歴史的な大きな転換でした。また、櫛描文などの文様を施すのに回転台を使用したり、叩目《たたきめ》や刷毛目《はけめ》に鉄器を加工した道具を使用するなどの技術的な進歩もありました。

約1700年前の古墳時代に入ると、「土師器《はじき》」と呼ばれる素焼きの土器が生産されるようになります。これは縄文土器や弥生土器と同様に、野焼きによって作られました。

弥生土器から土師器へ変わったとされる3世紀後半ころは、弥生土器の系譜を引く地域的な土師器に加え、ヤマト王権の影響を受けた小形の丸底壺・丸底鉢・器台が全国に広まります。弥生土器のような大きな地域差はなくなり、列島全体で同じ型、同じ構成の土器が使われるようになってくるのです。

陶器生産が始まった

5世紀前半、朝鮮半島から窯で焼く土器の生産技術が日本列島に伝えられ、「須恵器《すえき》」

と呼ばれる野焼きではない土器の生産が始まります。

この須恵器生産こそが、我が国における陶器生産の始まりです。須恵器が列島社会に広まるにつれて、煮炊き用の甕、貯蔵用の壺、供膳用の杯・高杯・鉢・器台などの土師器に、煮炊き用の甑《こしき》や貯蔵用の甕や壺・𤭯《はそう》、供膳用の杯・高杯などの須恵器が加わり、杯の割合が急激に増加して、杯を中心にした小形土器の使用頻度が増していきます。

須恵器が、それまでの土器のような野焼きによる軟質素焼き土器と異なるのは、回転台を用いて器形を成形し、窯を構築して1140度以上の温度で、灰色の硬質の土器に焼き上げられたことです。

須恵器は、耐火度の高い粘土と特別な製作技術と、窯に用いる多くの燃料（木材）が必要でした。そのため生産地が限られており、大阪府の陶邑《すえむら》古窯跡群や愛知県の東山古窯跡群のほか、いくつかの一大生産地を除けば、多くが短期操業窯でした。5世紀中ごろ以降7世紀にかけて、西日本では須恵器の使用が少しずつ拡散しましたが、東日本では須恵器は浸透せず、土師器が主体でした。ようやく全国的に須恵器の使用が広まるのは奈良時代以降です。

須恵器の使用が広まるにつれ、貯蔵には須恵器が、煮炊きには土師器が、食事やお供え用には両者を共存させるなど、土師器と須恵器を機能別に使い分けるようになりました。

5世紀中ごろから7世紀の土師器にも須恵器の影響は見られ、須恵器が手に入りにくい地域では、杯を中心に土師器で須恵器をまねた土器を製作するところも現れます。関東地方では、須恵器の杯蓋を模倣し、杯（身）として使用する土師器の文化が流行します。長野県内でも、関東地方と接する佐久地域にのみ、この土器文化が顕著に見られます。

長野県内の須恵器は、5世紀中ごろの古墳や集落から発見され始めます。一時坂古墳（諏訪市）などのように限られた古墳での祭祀や、長野市の長野高校敷地内にある本村東沖遺跡や天伯B・山岸遺跡（飯田市）などのように地域の拠点的な集落で使われていたようです。一般的な器としてではなく、貴重品あるいは希少品として、土師器とは一線を画していたことが確認されています。

県内の5世紀から6世紀にかけての須恵器は、陶邑や東山で生産されたものが多いのです。しかし、これらとは異なった須恵器も発見されていることから、地元で作られたとも考えられますが、窯跡は発見されていません。現在、県内の最も古い須恵器の窯跡は、松ノ山古窯跡（長野市信更町）で、6世紀前半の須恵器を焼成した短期操業の窯です。

ここで生産された須恵器の形は、陶邑で生産された須恵器に類似することから、陶邑の工人たちの系譜を引くものではないかと考えられています。しかし、酸化還元焔焼成されずに赤っ茶けた色合いで、本来の須恵器のように硬質に焼かれていないことから、焼成に

カマドが造られて以降に使われた、古墳時代中期から後期の土器群。手前に並ぶ杯が全国に先駆けて信州で作られた黒色土器（長野県立歴史館蔵）

失敗したのでしょう。

　現時点では松ノ山古窯跡以外に、6世紀の窯跡は発見されていません。県内の窯跡は、現在までの発見例では7世紀前半以降の窯の構築まで待たねばなりません。


　さて最後に、善光寺平には全国に先駆けて作られ、使用された土師器があることにも触れておきましょう。

　この土師器は、土器の内面を黒色処理した杯（黒色土器）で、善光寺平では遅くとも5世紀中ごろには出現することが確認されています。なぜ、この黒色土器が全国に先駆けて善光寺平で作られ、さらに使われたのか、現時点では明確な答えは得られていません。

　黒色処理は水分が土器に染みこむことを防

ぐためで、その製作技術は土器焼成後早々にわら灰を内面に吸引させたと考えられていま す。この技術は、同時代の朝鮮半島で特別な土器として作られた「黒色磨研土器」と同じとされています。しかし、半島ではこの黒色処理された土器が作られても、日常的な雑器に使用したであろう確実な事例は発見されていません。

善光寺平での新たな技術の出現を考えると、この5世紀中ごろという時代性から、カマドの構築や乗馬の風習などの渡来系文化とともに、朝鮮半島のある地域で用いられていた黒色土器が伝わったのではないか、あるいは黒色磨研土器の製作技術が渡来人によって伝えられ、渡来人と地元の人々によって土器の黒色化技術が土師器へ応用されたのではないか、と考えることが自然ではないでしょうか。

（西山　克己）

全員が同じ食器で食事をする学校の給食

お皿の違いが身分の違い

食器

家族で囲む食卓には、色や形が違うさまざまな食器に料理が盛り付けられて並びます。

材質は陶器ばかりではなく、ガラス、金属、プラスチック、木などさまざまです。見た目の美しさとともに、軽さや耐久性などの実用性の高さ、さらには製造技術の進歩が普及を後押ししたからです。また、和食や洋食、中華などのメニューにあわせて、バラエティに富んだ食器が並ぶようになったのは、明治維新以降の料理の変化が家庭の食器に影響を与えたことを示しています。さらには、「わたしの椀」や「わたしの湯飲み」などのように使用者が決まっている器もあります。それらは、自分で選んだお気に入りの食器ではないでしょうか。

＊＊＊

遺跡を掘ると昔の人々が使った道具が発見されます。そのほとんどが土器や陶器など焼き物で作られた煮炊きの器や、貯蔵する器、食器です。発掘調査で発見された食器から、その歴史を少しさかのぼってみましょう。

奈良時代の食器は、登窯《のぼりがま》で焼かれた、やや硬質で釉薬《ゆうやく》をかけない灰色っぽい須恵器《すえき》で作られます。特徴的なのは、宝珠《ほうじゅ》形のつまみが付いた蓋とセットになる茶碗のような器です。朝鮮半島から伝わった金属器を模倣したといわれます。

この器は、長野県の竪穴住居に住んだ人々ばかりでなく、当時の政治の中心地であった平城京をはじめ九州から東北地方まで使われました。宮殿で執務する貴族から、竪穴住居に住む人々まで、同じ器が使われていたのです。

この時代、天皇を中心とした国家は、それまでの有力豪族を通した支配から、律令制度を地方社会まで浸透させ、国家が直接人々を支配することを目指していました。この器が使いやすく、見栄えが良く、そして流行っていたから使われていたのではなく、地方の村に住む人々を国家が把握していたことを表しているのでしょう。

平安時代になると、食器は現在の椀や皿に近い形に変わります。焼き物も、地元で作られた内側を燻《いぶ》して黒く仕上げた素焼きのものに変わります。それに加えて、量は少ないのですが、釉薬を掛けた2種類の陶器が発見されます。

1つは木灰の釉薬を掛けて白く発色させた「灰釉陶器《かいゆうとうき》」、もう1つは小さな破片が出土しただけで話題になる「緑釉陶器《りょくゆうとうき》」です。緑釉陶器は、鉛に緑青《ろくしょう》を混ぜた釉薬をかけて黄色から緑色に発色させます。2

奈良時代の須恵器。つまみが付いた蓋と高台の付いた杯《つき》がセットになっている
（長野県立歴史館蔵）

つの陶器は、長野県内に生産地はなく愛知県や岐阜県などで生産され、政治の中心地の平安京で数多く発見されます。この時代、焼き物が3種類あっても食器の形は同じという特徴があります。

当時の儀式書によると、重要な儀式の後の宴会で使われる食器は、身分によって、その材質が厳格に決められていました。身分が異なる多くの儀式参加者間で材質の異なる食器を使い分けることは、身分の上下を目に見える形で示す有効な方法だったのです。食器はただ食物を入れる器としての役割を果たすだけではなく、当時の宮廷社会の中で身分の序列をはっきりさせる重要な役割を果たしたのです。

村跡からさまざまな焼き物が発見されることは、身分によって食器を変えるという決まりが、地方の村まで浸透してきたことを示しています。村の集まりで、素焼きの器で食事をしている多くの人は、ただひとり緑釉陶器を使用している人を見た時、身分の違いを思い知らされたのです。

栗田城跡(長野市)は、北信地方の有力な武士である栗田氏の本拠地といわれています。二重の堀に囲まれた、北信地方でも最大規模の鎌倉・室町時代の館跡が調査され、その中心部から、同じ形をした「かわらけ」と呼ばれる素焼きの皿が多量に発見されました。かわらけは、多くの武士たちが集まった宴会や儀式などで使われました。武士たちは、出陣に際して酒を酌み交わした後、かわらけを地面にたたきつけて気勢を上げたことが知られています。

現在は悪い意味の「一味に加わる」という表現は、同じ目的を持って集まった仲間のことを指します。「一味」には、同じ味の物を飲んだり食べたりして、心をひとつにした者たちという意味があったのではないでしょうか。一緒に食事をとるということは、身分の上下のほか、仲間意識をはっきりさせるために重要な役割を果たしたようです。かわらけが多く出土する場所は、多くの人々が集まり意思疎通をはかる、支配の中心地であった可能性が高いということになります。

人々が自由に選んだ食器を使い食事を取ることは、少なくとも中世まではあまりなかったようです。形が決められた食器は、仲間意識を高め、身分をはっきりさせるために重要な役割を果たしていたのです。

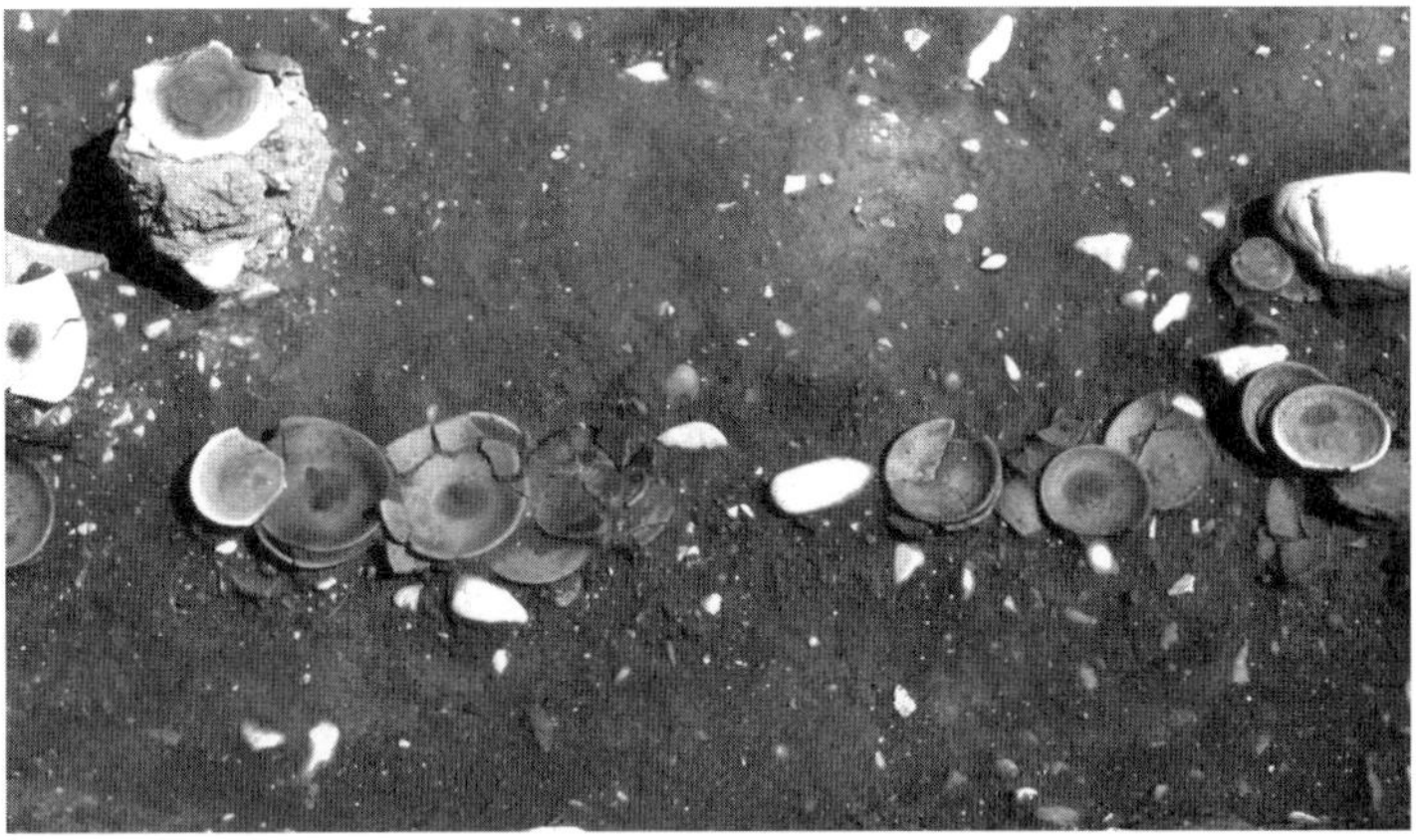

吉田川西遺跡(塩尻市)で発見された並べられた土器の皿

現在でも、多量の同じ食器が使われる場面が身近にあります。それは学校給食です。少なくとも3種類の同じ食器が使われます。多くの人たちに、短時間で、均等に、食事を配膳するのに適しています。明治維新以後に登場した食事の場面です。

結婚式や葬式の後の食事、歓迎会や送別会、お祝いの会など、同じ所属や目的で集まった多くの人々が食事をする、どちらかというと堅苦しい食事の会でも、多くの人々が同じ食器で食事を取ります。現在はホテルなどで行われますが、かつては個人の住宅でも行われました。会の主催者は、その中で親戚、役職の上下、師弟、先輩後輩などの関係を表現しなければなりません。食事や食器の違いで表すことは難しいことです。そこで多くの場合、「席順」で表現しようと悩むことになります。実はこれも古くからの悩みです。

このように、食事の場面が果たす役割とともに、食器も変化しているのです。

(原　明芳)

3 信州人の暮らし

明かりが暮らしを変えてきた

初めて電灯がともった日

長野県下で初めて電灯がともったのは、明治31（1898）年5月11日のことでした。市制を敷いたばかりの長野市で、長野電灯株式会社が裾花川の水力で発電する茂菅発電所（60kW）を造り、電気が供給されるようになったのです。当時は、水の力でつくった電気で明かりを得ることを、「水が火になるなんて」といぶかしく思っていた人も多くいた時代でした。

長野市に電灯がともった翌日、5月12日付の信濃毎日新聞雑報欄に、「電灯需要家の心得」という記事が掲載され、電気を使うお客に対して注意が促されました。

そこには「電灯は安全で、危険なものではありませんが、手荒く扱うと不測の危害があるかもしれませんので丁寧に取り扱いましょう」「電気は水、または金物類および地面などは絶対に禁物ですので、湿った手などで電線、器具、紐などを取り扱ったり、（中略）電線を金属のものに触れさせたり、地面に立ったままで電気の器具を取り扱うなどのことは絶対にしてはいけません」などと書かれており、電灯を初めて使う人たちに、細心の注意を呼び掛けていることがわかります。

長野電灯に続き、諏訪電気、飯田電灯、松本電灯、上田電灯、信濃電気、安曇電気、福島電気などの会社が次々に開業し、水力発電所を造り、信州の各地に電灯がともされていきました。

電気の明かりがともったことを、当時の人たちはどのように受け止めていたのでしょうか。

昭和30年代後半に長野市立城東小学校の校長を務めた木村喜久雄さんが、初めて電灯がついた時の感動を話した校長講話が残っています。

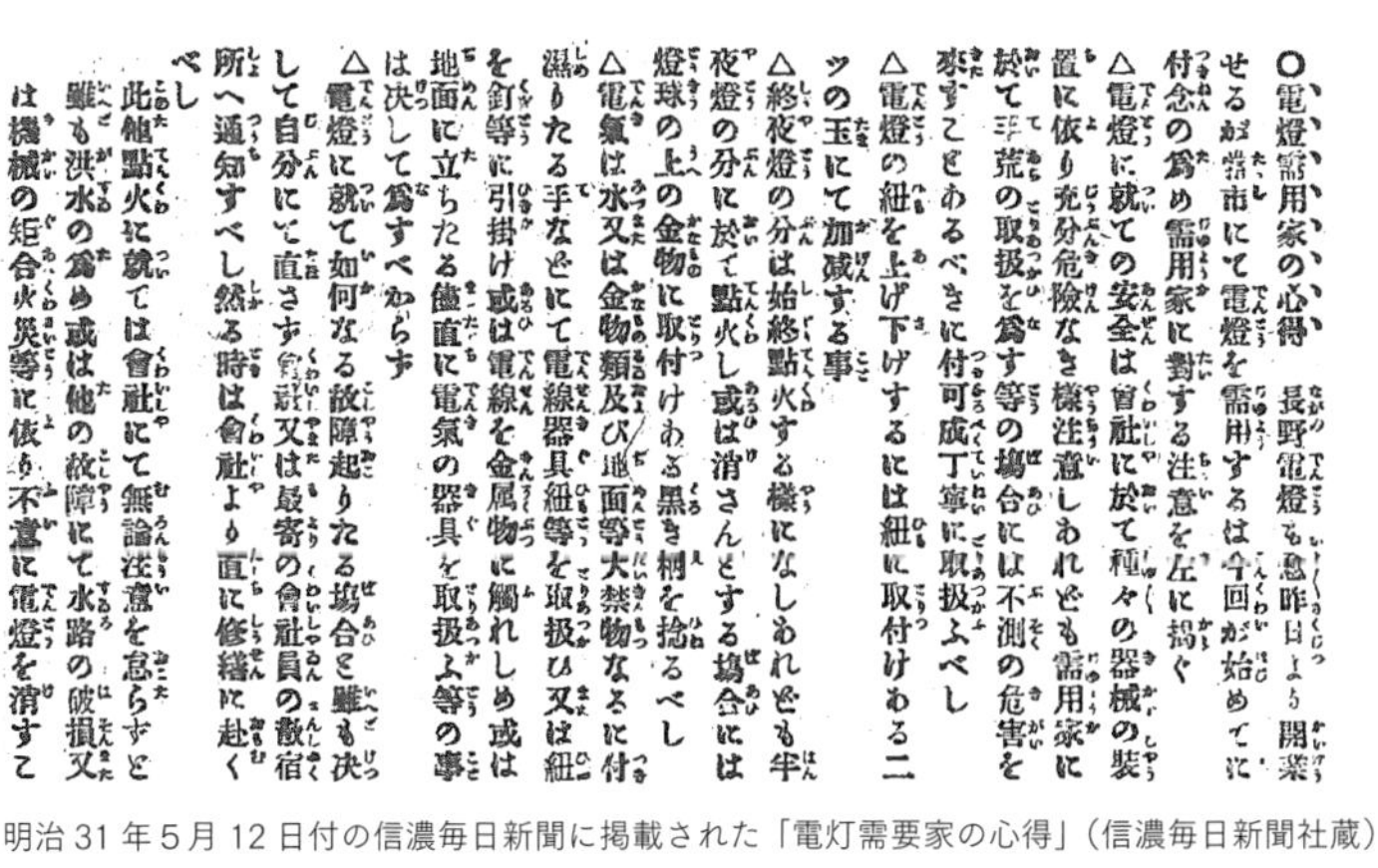
〇ヽヽヽ電燈需用家の心得ヽヽヽ　長野《ながの》電燈《でんとう》も愈昨日《いよ〜さくじつ》より開業《かいげう》せるが當市《たうし》にて電燈《でんとう》を需用《じゆよう》するは今回《こんくわい》が始《はじ》めてにて付念《つきねん》の爲《た》め需用家《じゆようか》に對《たい》する注意《ちうい》を左《さ》に掲《かゝ》ぐ
△電燈《でんとう》に就《つい》ての安全《あんぜん》は會社《くわいしや》に於《おい》て種々《しゆ〜》の器械《きかい》の装置《しやうち》に依《よ》り充分《じうぶん》危險《けん》なき樣注意《やうちうい》しあれども需用家《じゆようか》に於《おい》て手《て》荒《あら》の取扱《とりあつかひ》を爲《な》す等《とう》の場合《ばあひ》には不測《ふそく》の危害《きがい》を來《きた》すことあるべきに付可成丁寧《つかるべくていねい》に取扱《とりあつか》ふべし
△電燈《でんとう》の紐《ひも》を上《あ》げ下《さ》げするには紐《ひも》に取付《とりつ》けある二ツの玉《たま》にて加減《かげん》する事《こと》
△終夜燈《しうやとう》の分《ぶん》は始終點火《しじうてんくわ》する樣《やう》になしあれども半夜燈《はんやとう》の分《ぶん》に於《おい》て點火《てんくわ》し或《あるひ》は消《け》さんとする場合《ばあひ》には燈球《とうきう》の上《うへ》の金物《かなもの》に取付《とりつ》けある黒《くろ》き柄《え》を捻《ひね》るべし
△電氣《でんき》は水《みづ》又《また》は金物類《かなものるゐ》及《およ》び地面《ちめん》等《とう》大禁物《だいきんもつ》なるに付《つき》濕《しめ》りたる手《て》などにて電線器具紐《でんせんきぐひも》等《とう》を取扱《とりあつか》ひ又《また》は紐《ひも》を釘《くぎ》等《とう》に引掛《ひきか》け或《あるひ》は電線《でんせん》を金屬物《きんぞくぶつ》に觸《ふ》れしめ或は地面《ちめん》に立《た》ちたる儘直《まゝたゞち》に電氣《でんき》の器具《きぐ》を取扱《とりあつか》ふ等《とう》の事《こと》は決《けつ》して爲《な》すべからず
△電燈《でんとう》に就《つい》て如何《いか》なる故障《こしやう》起《おこ》りたる場合《ばあひ》と雖《いへど》も決《けつ》して自分《じぶん》にて直《なほ》さず會社《くわいしや》又《また》は最寄《もより》の會社員《くわいしやゐん》の散宿所《さんしゆくしよ》へ通知《つうち》すべし然《しか》る時《とき》は會社《くわいしや》より直《たゞち》に修繕《しうぜん》に赴《おもむ》くべし
此他《このた》點火《てんくわ》に就《つい》ては會社《くわいしや》にて無論注意《むろんちうい》を怠《おこた》らずと雖《いへど》も洪水《こうずゐ》の爲《た》め或は他《た》の故障《こしやう》にて水路《すゐろ》の破損《はそん》又《また》は機械《きかい》の矩合《ぐあひ》火災等《くわさいとう》に依《よ》り不意《ふい》に電燈《でんとう》を消《け》すこ

明治31年5月12日付の信濃毎日新聞に掲載された「電灯需要家の心得」（信濃毎日新聞社蔵）

木曽の御嶽山のふもとの村で生まれた木村さんの家では、小学校4年生だった大正8（1919）年、村で初めての電灯がつきました。

「（電気工事の作業をする）おじさんたちは（中略）座敷へ外から電線を引いてきてガラス球のようなものを天井へ吊るしました。私は何をするのか珍しそうに見ていますと、突然パッと座敷じゅうが明るくなったではありませんか。もうびっくりして目をふさいでしまいました。しばらくしておちついてからほかの部屋を見ると、いままでのランプの光はほんのり赤く問題にならないほど暗いのでした。おじさんたちの吊るした電灯（その時はそんな言葉は知りませんでしたが）は昼間のように明るいのです。驚きました。私は子どものころの思い出のなかでもこの日のことが一番印象に強く残っています」

市街地では比較的早く引かれた電気も、農村部や山間地に導入されるまでには時間がかかり、県下全体への普及は大正期後半でした。

電灯は夜の生活に明るさをもたらしただけではありません。農業、特に養蚕では夜間に蚕に桑を与える作業が容易になり、また、わら細工などの夜の仕事の時間延長が可能になったことから、さまざまな産業の生産量が飛躍的に伸び始めます。

電気は、人間の生活や産業の多くを支えてくれるエネルギーです。電気が使われ始めたころはまず、明かりをともすエネルギーとして暮らしのなかに入ってきたのです。

石油ランプと信州の意外な関係

暮らしに電灯が入ってくる前は、どのように明かりを得ていたのでしょうか。

電灯の前は石油ランプが主役でした。石油ランプが日本に伝わったのは幕末で、明治初年に国産ランプが製造されて地方にも広がり、明治10年代には一般家庭に普及しました。信州でも次第に石油ランプを使うようになりました。

石油ランプの燃料である石油は、初めは輸入品に頼っていましたが、明治初期、国内で石油生産を進める動きが活発になりました。

日本で最初の石油会社の油田が、現在の長野市にあったことはあまり知られていません。明治4（1871）年、水内郡桑名川村（飯山市）出身の石坂周造が、水内郡浅川村（長野市）にあった「浅川油田」の開発をもくろみ、日本初の石油会社「長野石炭油会社（のちに長野石油会社に改称）」を設立したのです。

江戸時代、石油は「草生水《くそうず》」と呼ばれていました。浅川油田の石油採掘は宝暦3（1753）

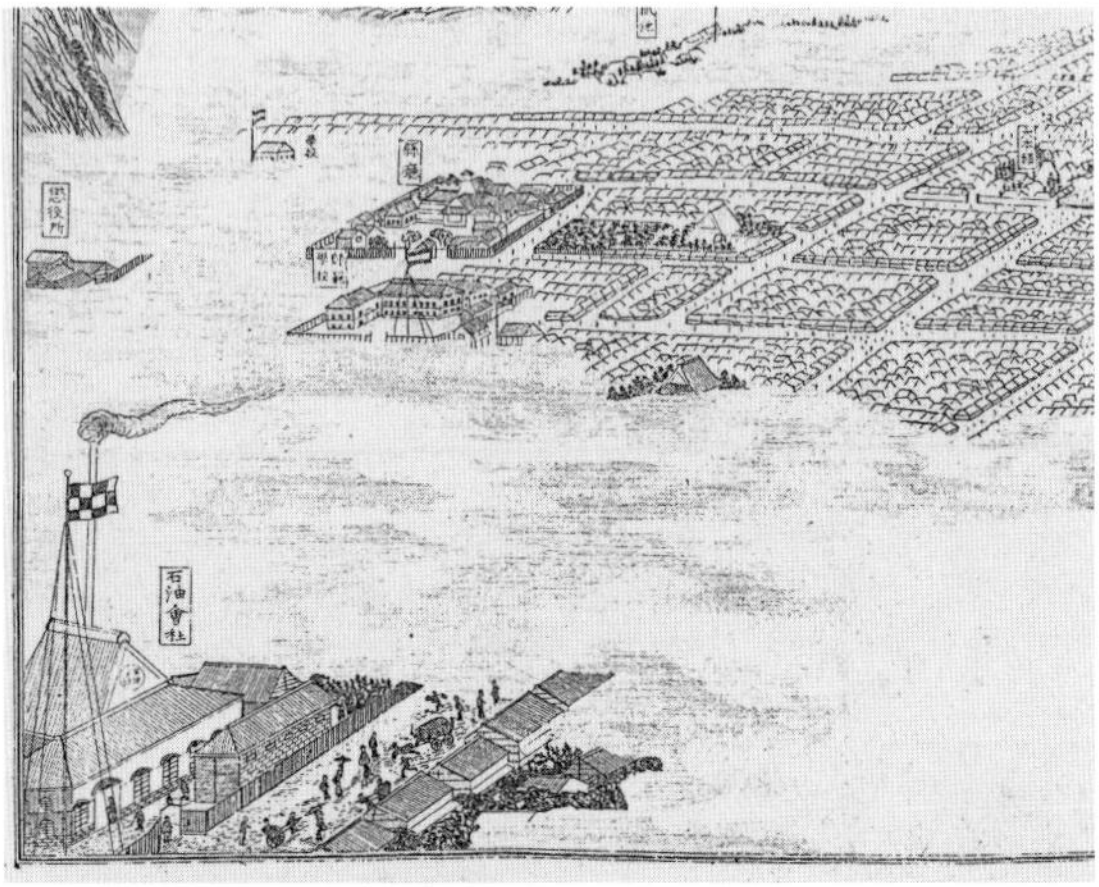

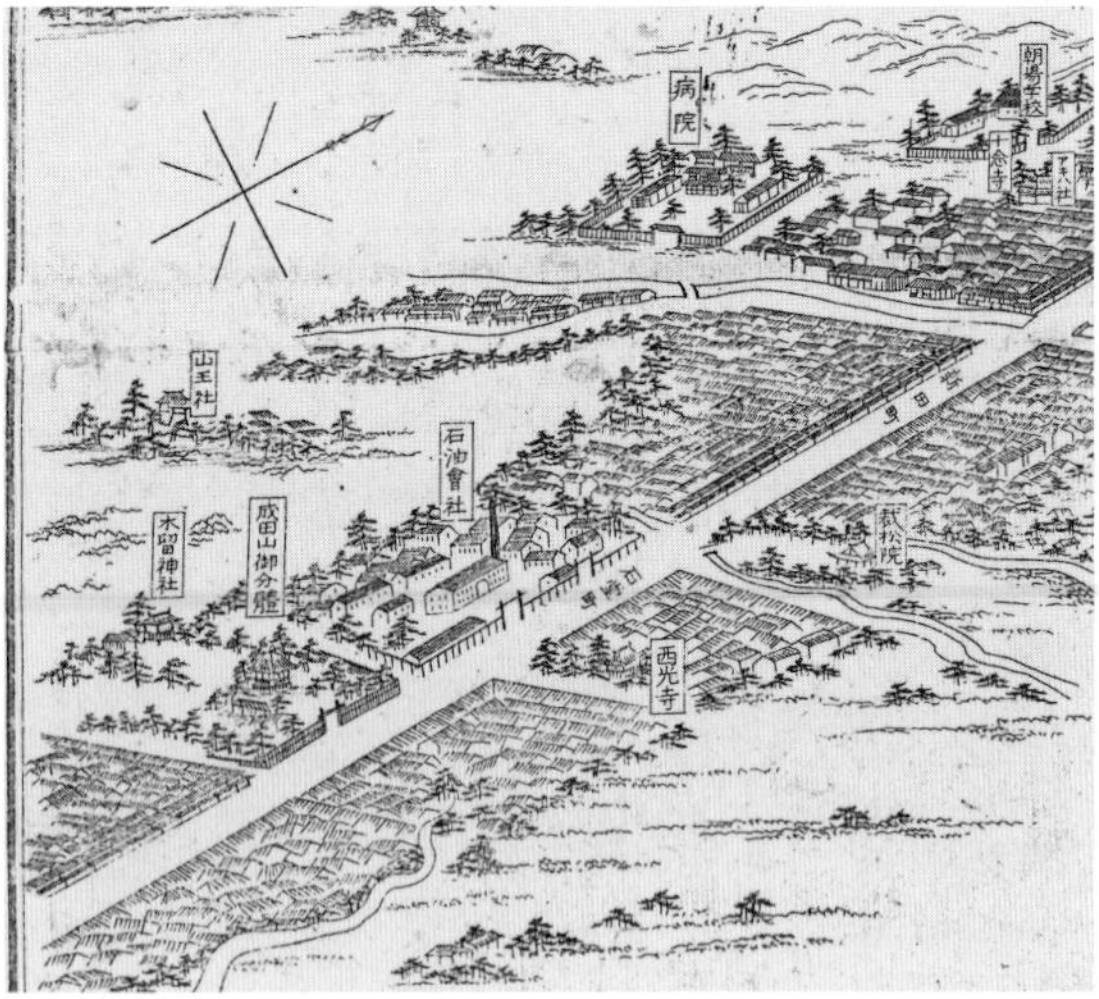

「善光寺繁昌記」初篇口絵（上）と「善光寺長野町図」にそれぞれ明治10年と14年当時の石油会社が描かれている（長野県立歴史館蔵）

年に佐久郡野沢出身の国学者、瀬下敬忠《せじものぶただ》が書いた「千曲之真砂《ちくまのまさご》」に取り上げられたのが初出です。弘化4（1847）年の善光寺地震では天然ガスが噴出して油田一帯が「新地獄」と呼ばれたという記録もあります。この浅川油田が、日本で最初に商業生産が行われた油田となったのです。ここで採掘された石油の精製は当時、妻科村石堂町（長野市）の刈萱《かるかや》山西光寺《さんさいこうじ》で行われました。日本初の精製所です。その後、明治8（1875）年になって、西光寺では手狭になったので、約200m南となる大通りの西側に移転しました。

浅川油田は、新設備を導入したものの生産量が思うように伸びなかったため、明治14（1881）年に長野石油会社は倒産してしまいました。信州産の石油が、明かりをともしたのはわずかな期間でしたが、信州に日本で最初の石油会社が置かれたことは意外な事実なのです。

石油を燃料にしたつりランプ
（日本のあかり博物館蔵）

石油ランプは、暮らしに合わせて工夫され、さまざまな種類のものが作られました。一般家庭では、操作の簡単な平芯ランプが主役でした。石油の消費量が少ない綿布の芯を歯車によって上下させるもので、芯の幅によって「二分芯ランプ」「五分芯ランプ」などと呼ばれました。幅が広いものの方がより明るかったため、通常は二分芯ランプを使って石油を節約し、来客のある時には五分芯のランプを使うなど使い分けていました。

ランプを使う場合、毎朝、ランプの芯を整え、炎を覆うガラスの「ほや」を磨かなくてはなりません。ほやの内側に煤《すす》がつくからです。ほや磨きは子どもの仕事とされていました。子どもの手は小さいためほやの内側まで入れることができ、磨くのにちょうどよかったからです。

ほやにハアーっと息を吐きかけてから、手でつかんだ紙でなかの煤をふき取ると、煤で手が黒くなります。その手で顔をこするので、当時は、おしろいならぬ〝おくろい〟を顔につけている子が多かったのです。ランプから電灯に変わることで、子どもたちはほや磨きの苦労から解放されました。そういう意味でも、子どもたちは電気のありがたさを実感したことでしょう。

信州産の菜種が江戸を照らす

石油ランプ以前の明かりの燃料は、菜種油でした。ろうそくも用いられましたが、安価な菜種油の明かりの方がより多く使われていました。

信州では、現在の小布施町を中心とする高井地方が菜種の産地としてよく知られていました。須坂は、町の急な勾配に用水が引かれ、水車を持つ商工業者が多くいたこともあり、菜種油絞りでも栄えました。商品作物の生産と流通が活発になった江戸時代では、地元の消費分を超えた油は、福島宿（須坂市）から菅平・鳥居峠（上田市）を抜ける大笹街道経由で上州（群馬県）へ、さらに江戸へも送られました。そのため、鳥居峠は油峠と呼ばれていました。

油を絞った後に出る油粕は、干鰯《ほしか》などの金肥（購入肥料）の入手が困難な信州では、貴重な肥料として、商人を通じて売買され、主に木綿栽培などの畑作に投入されました。さらに、綿も流通に乗せられたので、この地方では商売で莫大な財を成す豪商が現れました。須坂の田中本家などがよく知られています。

油を入れるひょうそく（左）と角あんどん（日本のあかり博物館蔵）

菜種油を用いた明かりの最も簡単なものは、灯明皿《とうみょうざら》という皿に油をため、そこに紙の芯を漬けて、火をともすというものでした。灯明皿では油がすぐになくなってしまうので、油が多く入るように「ひょうそく」という深い器が使われました。

油にともした火の周りを枠で囲み、和紙を貼った「あんどん」も普及しました。明かりが和紙に反射するので、炎だけの時よりも明るく照らすことができます。あんどんには持ち手が付いていて、家のなかで場所を移動して使うこともでき、便利でした。

明かりの歴史を振り返ってみると、信州で生み出されたエネルギーで明かりがともされていた時代があったことがわかります。また、そのエネルギーの裏側を少しのぞいてみると、信州の意外な歴史に出会えます。

いまの信州でも、水力発電や太陽光パネルなどで多くの電気が生み出されています。その背景を考えてみると、いまの信州や日本の姿が見えてくるかもしれません。電気の地産地消や自給は大変難しいですが、信州の暮らしを支える明かりをどのようにともし続けるのか、時々立ち止まって考えてみたいものです。

（山田　直志）

雪と向き合う豪雪地

家がつぶれるほどの雪が降る

冬、対馬暖流の流れる日本海の水蒸気を含んだ季節風は、北信州にすさまじく多量の雪を降らせます。昭和20（１９４５）年２月12日、国鉄（現ＪＲ東日本）飯山線森宮野原駅（下水内郡栄村）の積雪は７ｍ85㎝を記録しました。２階建ての屋根上まで達する高さです。平年でも、下高井・下水内・北安曇の北部地域では、降雪が10ｍ以上、積雪が２ｍ以上になります。一晩で腰が埋まるほ

ＪＲ飯山線森宮野原駅前に立つ日本最高積雪地点の標柱

ど降り積もることもあります。この北信州を含む日本海側の山間地は、世界的にも稀な豪雪地帯です。

雪は締まってくると重さを増し、1㎥あたり数百kgから1tにもなります。ですから、通常の木造家屋では雪下ろしをしないままでいると、戸は動きにくくなり、ついには家が雪の重さでつぶれてしまいます。北信州に住む人々は、豪雪に耐える家を造り、北西方向からの雪の吹き込み、落雪などの対策を工夫しながら、冬を生き抜いてきました。

雪に負けない家造り

高井・水内地方には4面の屋根が合わさる寄棟《よせむね》造りの家が多く見られます。雪に耐えるように太い柱や数多くの柱を使い、壁も厚くし、建物の強度を強くしています。

特に雪の多い飯山市北部や栄村には、「中門《ちゅうもん》造り」といわれる母家の造りがあります。寄棟造りの主屋《しゅおく》の土間から外側へ突き出した部屋が付いているもので、この部屋を中門(飯山地方では「にわ」)と呼びます。冬の間、家のなかだけで生活できるように屋敷周りに別棟を造らず、主屋と中門を接続させた構造です。これによって、中門の一番外側にある玄関外には主屋の雪が直接落ちることがなく、豪雪時の出入り口を安全に確保しています。

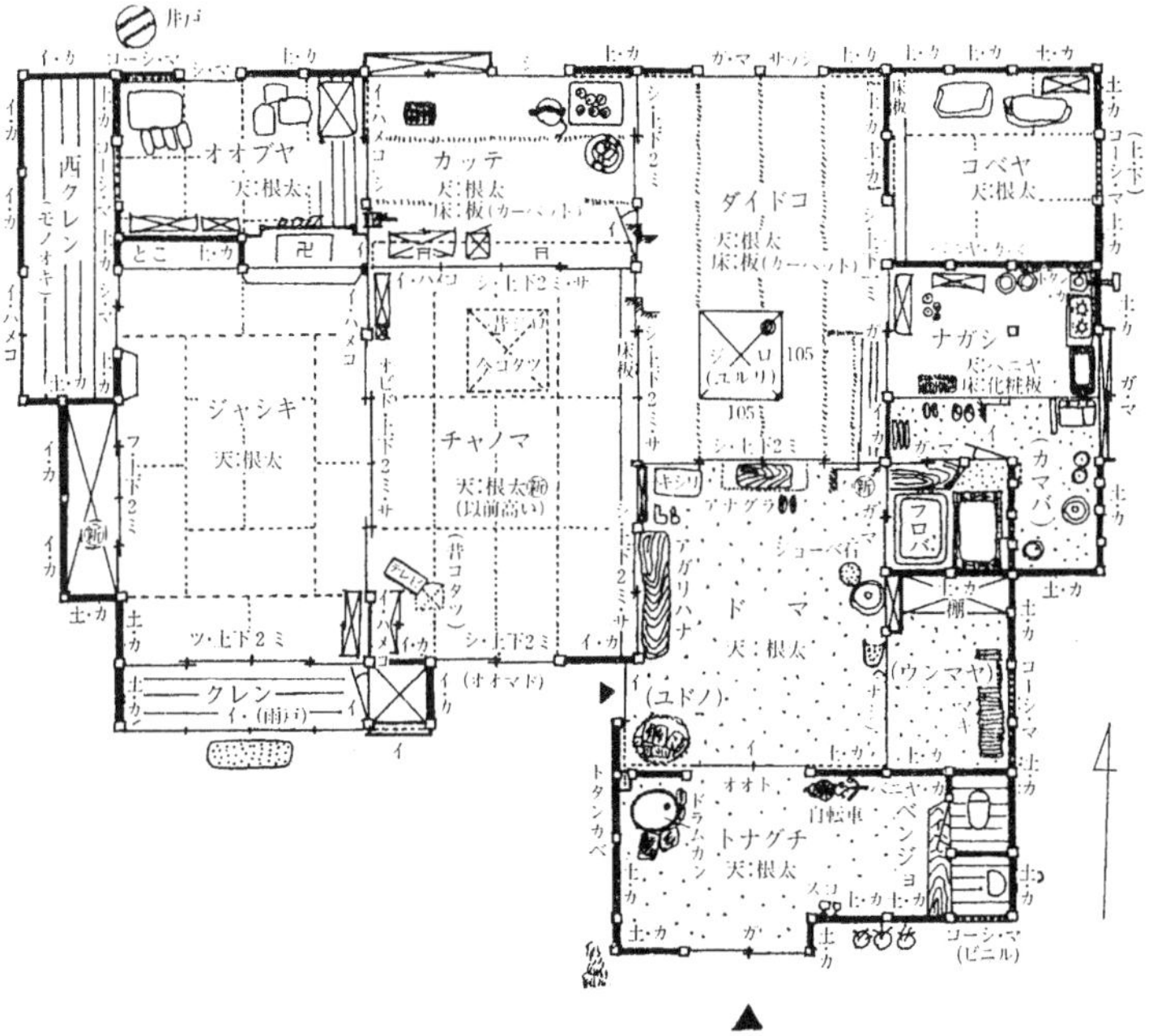

中門造りの住宅の間取り図。土間の南側に出入り口となる「苫口」が張り出しているのがわかる（『長野県史（民俗編第４巻（１））』より）

中門は牛馬小屋や便所、流し、物置として使ってきています。中門を2階建てにし、2階には冬に利用するたき物の細木や杉葉、牛馬に使うわらなどを置く家もありました。

飯山市西大滝のある中門造り住宅の間取りを見ると、主屋の土間の南側に苫口《とまぐち》（トナグチ）が張り出しています。この苫口が家の出入り口で、冬の季節風が吹き付けない方向に設けられているのがわかります。このお宅の苫口は便所や物置に利用されています。厩《うまや》や作業場である土間の北側は台所で、その東側には炊事場や、若夫婦寝室として使われる小部屋があります。西側には、茶の間や座敷、勝手（食事場）、夫婦の寝室に使われる大部屋などがあります。かつては「ジロ」と呼ばれる囲炉裏《いろり》が台所と茶の間にありました。

母家の屋根は、萱《かや》、または麦わら、稲わら、麻がらを使って葺《ふ》いていました。急勾配の屋根であっても雪下ろしは必要で、1ｍもの積雪を掘って取り除くので、屋根の雪下ろしを「雪ほり」と呼びます。

いまの雪かきスコップはプラスチックや鉄、アルミニウム製ですが、かつては木製で「コスキ」とか「コーズキ」と呼ばれていました。雪ほりは危険が伴うので、急勾配の屋根ではグシ（頂上部）から掘り始め、軒の方へ進めていきます。

雪下ろしには細心の注意が必要で、飯山市では昭和53（1978）年の豪雪の際、片側だけ下ろしたためにバランスが崩れて、本堂が倒壊したお寺があったほどです。安全に気を付けていても雪ほりによる転落や、雪の下敷きになってしまった事故は続いてきました。

北信州で昭和の終わりごろから建てられた家を見ると、屋根のグシが尖っている家や、急勾配の屋根の家、3階建ての家が目につきます。

グシが尖っていると、そこで雪が両側に割れて落下しやすい利点があります。そのグシ部分を雪割板とか雪切板と呼びます。さらに屋根が急勾配だったり、雪が着きにくい屋根材だったりすると、もっと落下しやすくなります。これらは雪国独特の工夫で、急傾斜の屋根と雪が滑り落ちる屋根材を使った家を「落雪式住宅」といいます。住人にとって、屋根の雪下ろしは危険が伴う重労働ですので、雪が自然落下してくれると助かります。

落下した雪を片付けるのも大変な重労働です。落下した大量の雪で1階部分が埋まってしまうと、暗くなったり、出入りしにくくなったり、ガラス戸や窓ガラスを割ってしまったりします。屋根の雪をどこに落とすかは重要です。安全や雪片づけ作業に配慮し、通行や駐車、水路などの妨げにならないところを考えて、建てる家の位置や屋根の傾き方向を決めなければなりません。1階を車庫や倉庫にした3階建ての家があるのもそのためです。雪の重さに耐えるため、太い柱に厚い壁、鉄筋コンクリートの「耐雪式住宅」もあります。屋根下に温水

積もった雪が落下しやすいようにグシが尖り、玄関前にシートを設置する栄村の3階建落雪式住宅

野沢温泉村では、いまも雪をとかすタネ池がある家が多い

を通すパイプや太陽電池などによる電熱線を敷く「融雪式住宅」もあり、こうした建築費用がかかるのは雪国に住む住民特有の悩みです。

雪と向き合う知恵

下ろした雪は片付けなければなりません。雪を運ぶスノーダンプや、雪を吹き飛ばす除雪機の普及によって、労力はだいぶ軽減されましたが、住宅密集地や雪降りが続くと雪片付けも大変です。

北信州には、家の周りに「タネ池」とか「冬ダネ」「タナ」などと呼ぶ池があります。その水で雪を融かす工夫も行われてきました。水の噴き出す消雪パイプの付いた道路が多く見られますが、いまは道路だけではなく消雪パイプを備えた家も増えてきました。

雪の吹き込み防止や防寒対策も重要です。かつては家の壁の外側を萱やわらで覆い、建物の入口にはコモ（わらで編んだむしろ）をつるしました。建物の1階部分の窓は、雪で割れるのを防ぐため、いまでも板などを設置します。さらにいまでは、断熱材入りの壁や二重サッシはもちろん、玄関前に「部屋玄関フード（風除室）」と呼ぶガラス張りの部屋を設けたり、玄関外側に透明シートを設置して防雪・防寒対策をしています。また、庭木は、雪でつぶれたり枝が折れたりするのを防ぐため、丸太や板、萱やわらなどを用いて縄で留めます。

雪や風を防ぐため葦簀が取り付けられた柏尾橋

飯山地方の千曲川にかかる橋には、防雪・防風用ネットとして葦簀《よしず》が取り付けられます。

学校のプールのフェンスや校庭の鉄棒でさえ、雪の力で曲がってしまうほどの大雪です。鉄棒が曲がるなんて信じられませんが、雪が締まっていく時の力はとても大きく、冬を迎える前に鉄棒やブランコ、フェンスなどを取り外すことは、ＰＴＡや学校の年中行事です。

冬が来る前の雪対策は、雪が降ってから雪と向き合う労力や雪の影響を最大限に減らすために、とても重要なのです。

降った雪を片付けるための「雪トヨ（雪の滑り台）」や、水を使って側溝に雪を流す「流雪溝」、雪が積もりにくいカマボコ型の車庫や縦型信号機、雪崩予防柵や雪崩防護壁、スノーシェッドなどは、雪国ならではの風景でしょう。雪を50ｍも吹き飛ばせるロータリー除雪車や雪の塊を持ち上げる除雪ドーザー、固く踏まれた道路の雪をひっかく除雪グレーダー、さらには歩道専用除雪機や家庭用の小型除雪機など、さまざまな除雪機が活躍するのも雪国では当たり前の光景です。雪が降る前も降ってからも、さまざまな知恵を絞って、日々の暮らしを守る雪対策が行われています。

（畔上不二男）

便利な場所に住みたい

信州は辺鄙《へんぴ》なところ？

人はどのような場所に住みたいでしょうか。

職場や学校の近く、少なくともそこに通うのに便利な電車やバスなどの駅が近くにあること、できたら日当たりがよく、周りが静かで、スーパーや学校、病院などが近くにあり、災害に遭わなくても済む場所……といったところでしょうか。人が生きてきた長い歴史から、前近代にはなかった事柄を除くと、職場に隣接＝食料・収入を得るのに都合がよい、日当たりがよい、災害がないといった条件が残ります。

私たちが生きていくのに最低必要なものは、食料、水、エネルギーです。仕事をして収入をはからねばならないのも、最終的にはこれらを入手するためです。食料を直接的に得るために、人間は狩猟や農業などをしてきました。現在では水道施設の発達によって、どこでも水が手に入りますが、前近代においては水の入手が大変でした。各地に「弘法大師が杖をついた場所から水が湧き出した」といった弘法水の伝説があるのは、水を得る井戸や池がいかに大切であったかを示しています。いまはガスや電気が各戸に供給されていますので、家庭ごとにエネルギーを直接取りに行かなくても済むようになりましたが、かつては薪や炭などの入手も大きな問題でした。

こうしたことから、根源的に人間が住むのに〝不便〟な場所は、食料、水、エネルギーの入手がしにくいところといえるでしょう。

長野県は過疎化が進んでいます。多くの人から「どうしてこんな不便な、辺鄙な場所に住んできたのでしょうか」と質問を受けます。

しかし、〝辺鄙〟というのは都会から離れていて不便なことですから、それは近代以降の感情で、長い信州の歴史のなかでは近代以降の短い期間に抱かれた意識だといえます。現代においては、どちらかというと辺鄙な場所とされる県内の2集落から、人が住むのに〝便利〟な場所を考えてみます。

文化が行き交った交通の要衝

木曽郡王滝村は長野県で最も西側に位置する山村です。310・82平方㎞の村域に、2017年1月1日現在で390世帯、777人が住んでいます。2005年3月末では430世帯、1082人でした。

長野県には19市23町35村（2018年現在）がありますが、2005年3月時点で王滝村より人口が少なかったのは、南佐久郡北相木村（56・32平方㎞）の355世帯976人、下伊那郡売木村（43・43平方㎞）の284世帯698人、下伊那郡平谷村（77・40平方㎞）の

王滝村の南部、牧尾ダムのなかに突き出している崩越集落

243世帯589人だけです。王滝村は単位面積あたり県内で最も人口の少ない地域といえるでしょう。

王滝村の南部には昭和34（1959）年、牧尾ダムの湛水によってできた御岳湖の南側に崩越《くずしご》の集落があります。かつては30戸近くもありましたが、ダムの完成により現在は10戸にも届きません。標高は約880m。王滝川に突き出した形の台地上で、水の豊かなところだったようです。長野県最古の住居跡群は、1万3000~9500年前の表裏縄文土器を伴った、お宮の森裏遺跡（木曽郡上松町）だとされます。ここは木曽川の河岸段丘で、水も得やすく、木曽谷で最も日照時間の長い場所であり、地形的には崩越によく似ています。

崩越遺跡の発掘調査は昭和54（1979）年から3年間行われ、縄文時代前期から平安時代に至る10の住居跡、そのほか多くの遺物が発掘されました。出土土器には縄文時代の早、前、中、後期と平安時代のものがありました。

縄文時代早期（9500~6500年前）の土器は、中部高地から関東にかけて分布する諸磯《もろいそ》式でした。中期（5000~4000年前）前半の土器を見ると、諏訪・松本地方とのつながりを示すもの、西日本的なもの、瀬戸内海地方につながるもの、北陸的なもの、

現在の崩越集落。王滝村は長野県内で最も人口が少ない地域の１つ

東美濃、飛騨のものなどがありました。縄文時代中期後半になると、長野県の土器を主体にして、北陸的な土器、西日本的な土器、そして東美濃的な土器が混在していました。
つまり、現在の王滝村は、木曽の行き止まりと見られがちですが、縄文時代にはさまざまな文化の行き交う交流路で、多くの文化が定着していたのです。

王滝村と、西隣の岐阜県下呂《げろ》とをつなぐ峠には鞍掛峠、真弓峠、白巣峠の３つがありますが、いずれも車で越えることはできません。しかし、木曽の中心地である木曽町福島の「みこしまくり」で知られる水無《すいむ》神社は、弘安年間（１２７８

〜88）に飛騨一宮水無《みなし》神社（岐阜県高山市一之宮町）を勧請奉斎したものと伝えられています。戦国時代の木曽義元は、飛騨の姉小路氏・三木氏と抗争し、永正元（1504）年に白巣峠を越えて侵入した姉小路済継《なりつぐ》勢に王滝城で敗れ致命傷を負い、その傷が元で死去しました。現代人は車道を前提に考えますが、かつては人が歩いて移動し、飛騨と木曽とをつなぐ交通の要衝の1つが現在の王滝村でした。それは縄文時代でも同じだったのです。

王滝村のゆるキャラ「くりぴー」は、ドングリをモチーフにしています。村はドングリ料理が有名で、そのほかにもイワナの万年鮨など、古くからの食文化が残っています。いまも山菜やきのこなど山の産物に恵まれています。

王滝村は、近くに水があり、高台で安全性が保たれ、しかも日当たりがよい場所です。現在も村の特産品であるドングリは、住居の周囲にたくさんあり、王滝川ではイワナなどが捕れ、獣も豊富だったことでしょう。しかも交通の要衝に位置していたのです。現在の価値意識とは大きく異なります。

天然の要害と計画的な城下町

下伊那郡下條村にある吉岡城という名前を聞いたことがありますか。村の史跡にも指定されていないため、多くの人が知らないと思います。

吉岡城のある台地は、村役場から３㎞ほど南に位置し、東西約１㎞、南北４００ｍ弱の細長い形で、こちらも日当たりのよい場所です。北を牛ヶ爪川、南を南の沢川の渓谷に挟まれ、西から東へと緩やかに降りながら天竜川の河岸段丘で落ち込んでおり、城はその最も高い位置、台地の西端に建てられ、東側に城下町が広がっていました。深い谷と急崖が取り巻く細長い天然の要害に着目して、城と城下町が築かれたのです。いまは、その跡が台地に刻まれているだけです。

かつての城跡は東西約３４０ｍ、南北３２０ｍで、東に広がる三角形の底辺ともいえる最も広い場所です。三角形の頂点にあたる位置に寺尾神社があり、この神社は城の守護として代々尊崇され、天正15（１５８７）年に下條氏が滅亡してからは吉岡村の産土《うぶすな》神となりました。

下條氏初代の頼氏は応永元（１３９４）年に甲斐から下伊那へやってきたといわれ、吉岡城より約１・２㎞南にある大沢城（古城、下伊那郡阿南町富草）を本拠としました。しかし、ここは狭くて城下町が設けられないため、天然の要害であって「富山」と呼ばれていたこの地が選ばれます。文明７（１４７５）年に第６代康氏（深志小笠原政康の子）が築城し、地名を吉岡に改めたといいます。

９代信氏は信玄の妹を嫁にするくらい勢力が大きく、戦国時代に８０００貫を領していましたが、天正10（１５８２）年の織田信長の信濃攻略に際して家老の謀反に遭い、逃れた三河の地で没します。次男頼安は本能寺の変後、徳川家康の助勢を得て吉岡城を奪回しましたが、天正12（１５８４）年に松尾城（飯田市）で謀殺され、跡を嗣いだ康長も天正15（１５８７）年に飯田城に拘禁されます。康長は飯田城から逃れたものの、下條氏は没落しました。その後、吉岡城は幕府領の代官所などにあてられましたが、寛永年間（１６２４～４４）に旗本知久《ちく》氏によって取り壊されました。

そのために、というのも皮肉な話ですが、吉岡城跡は近世初頭の状況が地割りなどに色濃く残っているといえるでしょう。

いま現地を歩くと、主郭をなしていた吉岡城址公園の東を国道１５１号が走り、主郭と

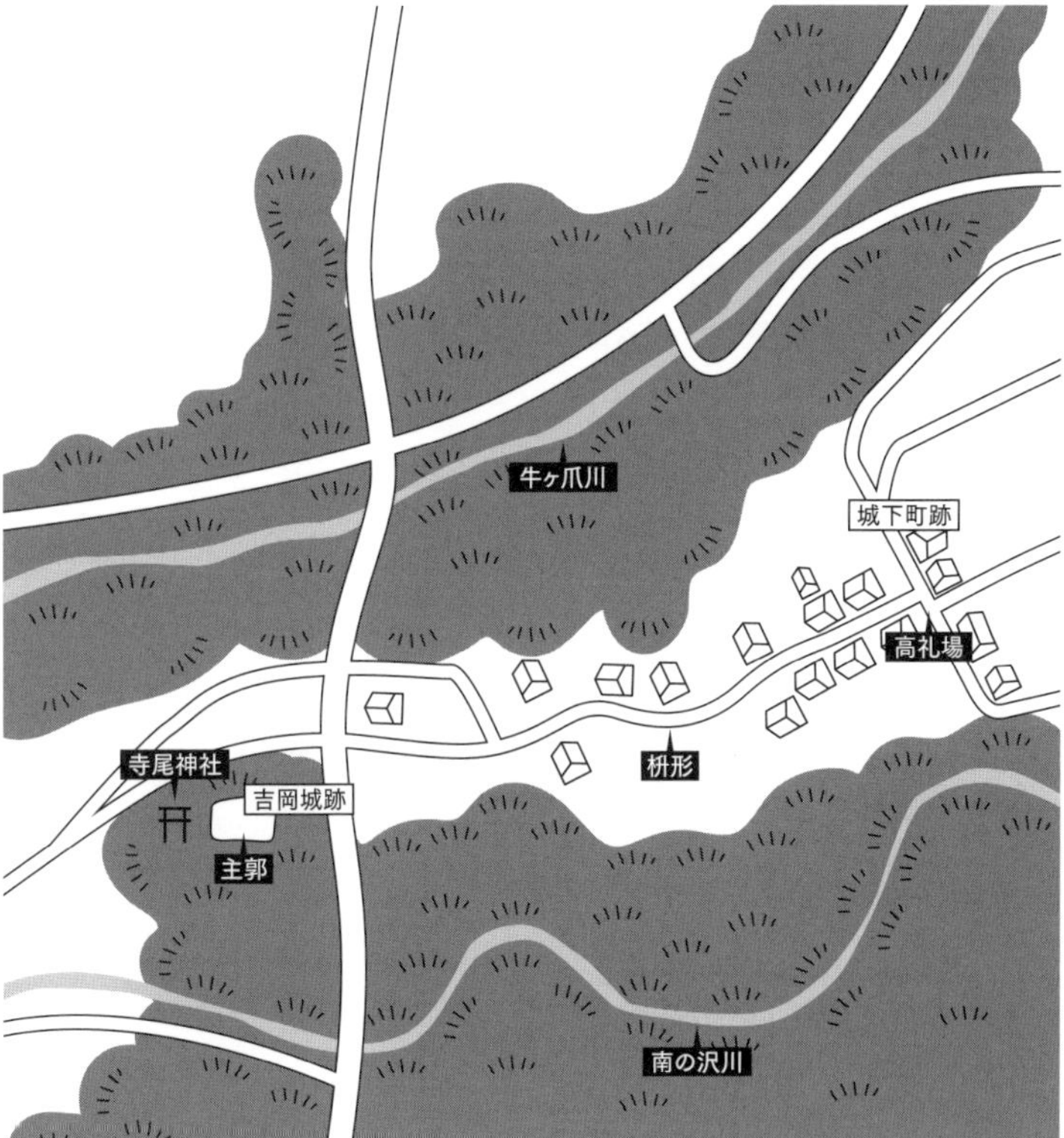

下條村吉岡に残る吉岡城跡一帯の地形。近世には大きく栄えた城下町が広がっていた

二の郭を分断しています。城跡から東に進むと、枡形が残り、東西に城の大手から続く直線道路と南北に直行する道路との直交地点に高札場が設けられ、計画的に城下町がつくられていたことがわかります。

下條氏の由来を18世紀の初頭に書いた『下條記』によれば、下條家は軍学者、刀剣などを研ぐ者や大工、儀礼に使う酒を造る者、主人が日常食べるのみならず儀礼の席においても重要な料理を作る料理頭、さらに馬を扱う伯楽、染色をする紺屋と、多くの職人を抱え込み、吉岡に住まわせていました。周囲を崖で分断された守りやすい台地上に城を築き、そこで家臣たちも生活しやすいように城下町を設定したのです。

たとえば、学者、軍者、能の師である浅井三記は京から招かれ、研師の竹屋仁兵衛も大工の吉村与惣右衛門も京から召し抱え、下條家の御前酒を造る坊主の栗斎も京都から呼び寄せられています。料理人頭の熊谷清左衛門、下條家の伯楽の菱田与右衛門、下條家が扶持していた紺屋の新井作左衛門は、鎮西野（下條村）の祢宜屋新井の血を引くものでした。

職人や商人たちなどからすれば、多くの宛行《あてがい》などを得て、有利な条件で仕事をしたかったはずです。前述の人たち以外も勢力のある者が城下町をつくれば、積極的にそこに移住してきました。おそらく戦国時代には、吉岡の城下町に家が密集していたことでしょう。

ところが、それほど大きく栄えた吉岡も、消費の中心をなした領主やその家臣がいなくなると一気にさびれ、村となっていきました。現在は30戸ほどののどかな山間農村です。

住む場所に何を求めるか

王滝村の崩越でも、下條村吉岡の前身である富山でも、最初に集落が営まれたのは日当たりがよく、食料や水、燃料を得やすい場所でした。

人が生きていくためには食料が必須です。その入手の仕方は時代とともに変化し、都市とそれ以外の場所でも異なりました。現在のように食料が多く輸入され、農業も大規模になされると従事する者は減って、ほかの仕事をして賃金を得て食料などを購入するのが当たり前になってきます。

戦乱の時代にあって生き延びるためには安全な場所が大事であり、吉岡城が築かれたのは、そこが天然の要害だったからです。吉岡城の城下町に人が集まったのは、食料を自給しなくてもよい体制があったからです。人がどこに住むかという条件も時代や環境とともに変化してきています。

かつて重要だった水を得るという場所選定の条件も、水道などの普及で条件から外されました。エネルギーもかつてのように薪や炭といった山の資源に依存しなくなりました。日当たりも電気などによって考えなくてもよくなりました。移動も歩くことを中心とするものから鉄道や車に変わりました。

都市の膨張に伴って「鄙《ひな》」意識が大きく出されるようになり、進んだ都会、遅れた地方といったイメージが定着しました。この背後には賃金をものさしとする価値観があるように思います。しかし、価値観は多様です。山のおいしい空気は都会では味わえません。天然のすばらしい水は購入できません。

いま、何百年もの歴史に幕を閉じようとしている山村が多くあります。現在のような都会偏重がこのまま続くとは限りません。巨大災害に強いのは、食料や水エネルギーを蓄えている山村や農村です。価値観の多様性が進むなかで、山村に移住する人たちも出てきました。インターネット社会は時空を超えて人をつなぎます。

こうしたなかで私たちは改めて、どこに住むのがよいか考えてみたいと思います。

（笹本　正治）

山に向かう町並み

信仰とのつながり──小菅

国の重要文化的景観に選定されている飯山市の小菅地区には、森の中に残る石垣造りの集落のような遺跡と、現在も人々が暮らす集落があります。

このうち、人々が暮らす集落の真ん中には背骨のように道が通っており、多くの家がこれに沿って並んでいます。この道は坂道で、一番上に立つと、道がほぼ真っ直ぐに妙高山に向いていることが分かります。このため、小菅集落の家並み全体が、まるで妙高山に向かって作られたように見えるのです。

現在、小菅には小菅神社が祭られていますが、ここは、江戸時代まで小菅山元隆寺という寺院でした。この寺で最も大切にされたのは、本尊の馬頭観世音です。この像の分析によると、元隆寺は平安時代後期の12世紀後半には開かれていた可能性があります。南北朝時代の興国２（１３４１）年に書かれた古文書にも「小菅寺」という名前が登場しますので、間違いなく14世紀にはここに寺院が営まれていました。

　元隆寺の歴史には、まだまだわからないところがたくさんありますが、南北朝時代や戦国時代には合戦の舞台となったり焼かれたりしたらしく、戦国時代の終わりごろになると、元隆寺は大変衰えていたようです。

　しかし、豊臣秀吉が天下を統一するころ、信州の北部は上杉景勝の領国となり、戦乱の時代が終わりました。現在の小菅の集落はこ

小菅集落の家並みの先に浮かぶ妙高山

のころに、景勝の援助によって、小菅山の堂や坊（小菅山に所属する小さな寺）として復興されたようです。

元隆寺に伝わった記録にも天正19（１５９１）年に観音堂が再建されたという記述がありますし、現在進められている調査でも、天正16（１５８８）年に大きな法要が営まれ、「観音経」や「馬頭明王供」（本尊の馬頭観音への祈り・まじない）などが何回も修《しゅ》されたと見られる木札が見つかっています。参道の周りの森の中にも、無数の石垣の遺構が残っていますが、こちらはもっと古い時期の堂や坊のようです。

現在のところ、小菅の家並みが妙高山に向いているのは「山に対する信仰」と「越後の上杉景勝の領国になったこと」の2つの理由から、このように計画されたのではないかと考えられています。妙高山は上杉景勝の本拠がある越後の霊山です。景勝の時代に再興されたとき、もともと山に対する信仰の寺であった小菅山元隆寺と妙高山との結びつきが生まれた可能性があります。小菅のすぐ南にある下高井郡木島平村には、天正11（１５８３）年と記されたものをはじめ妙高山に登拝する通行証のような旗が複数残っています。妙高山が見える千曲川右岸（東側）の地域にも、このころから妙高信仰が浸透したのかもしれません。

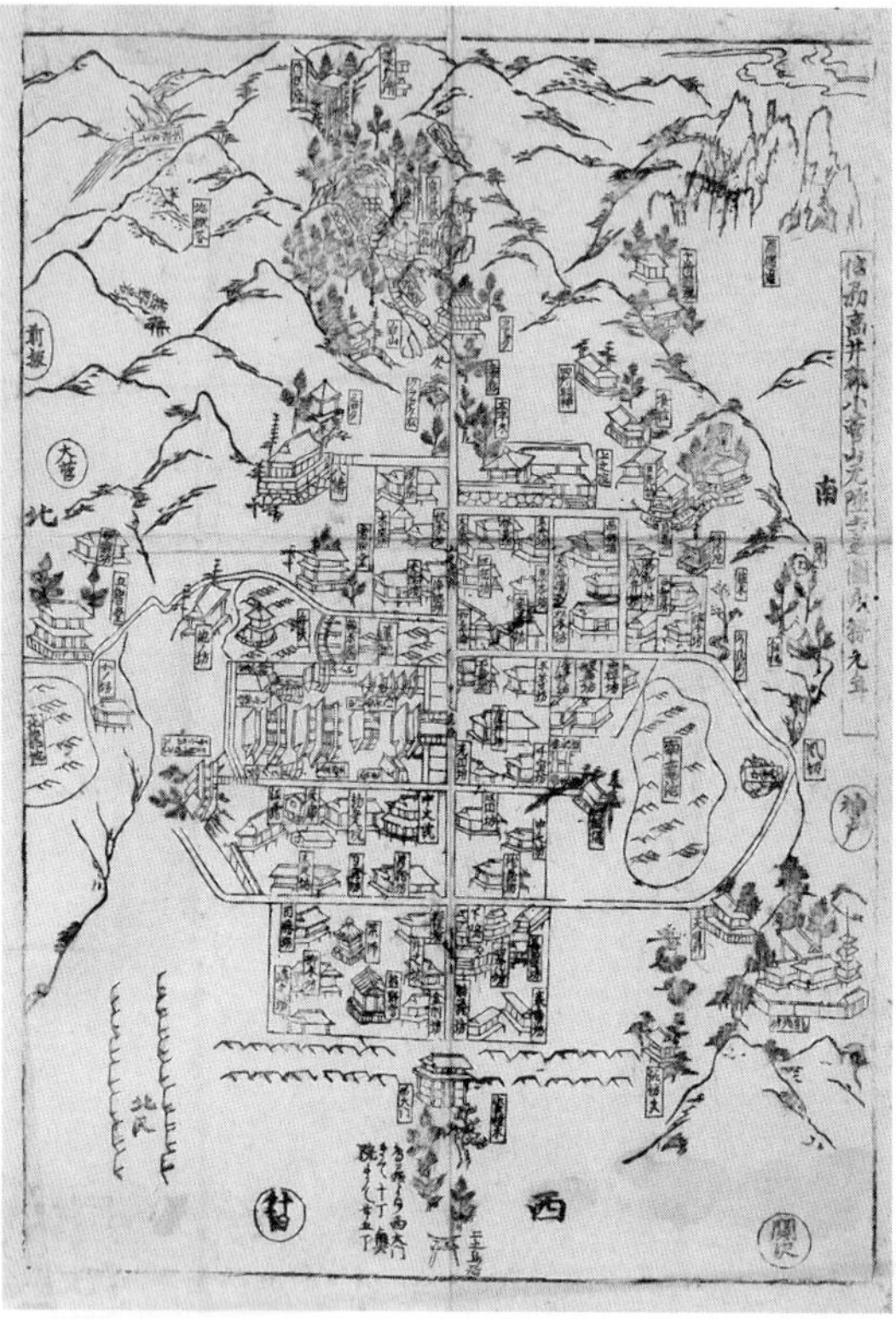

永禄9（1566）年の銘が入る「小菅絵図」（飯山市小菅区蔵）

しかし、慶長3（1598）年、上杉景勝は秀吉の命令で会津（福島県）に国替えとなりました。このとき、信濃の武士や寺院には景勝に従って会津に移転したものが多数あり、小菅山も別当（総責任者）の大聖院をはじめ、ほとんどの坊が会津に移転しました。このときから小菅の集落は農村としての性格が強くなりましたが、道や屋敷割りは大きく変化せず、今日まで妙高山に向いた計画を引き継いできたのです。

女人堂跡付近から見ると、戸隠連峰の１つ高妻山が正面の戸隠山の向こうに白くそびえる

参詣者のために――戸隠

戸隠山を信仰の対象にしている戸隠神社（長野市）も、江戸時代までは戸隠山顕光寺という寺院でした。本院、中院、宝光院の3カ所に、それぞれ所属する院（もともとは坊）を中心とした門前集落が営まれました。これらの集落にも中央を貫く道があります。道に面した各院は、参拝者を宿泊させる「宿坊」なので、道に向けて門を構え、庭や仏堂などが計画的に配置されています。このうち、中院（現在の中社）と宝光院（現宝

光社）の門前集落はいま、国の重要伝統的建造物群に選定されています。しかし、道が家並みの土台になっているのは小菅と同じでも、道そのものは特別な山に向いてはいません。戸隠の町並みには、いくつもの院に分かれた戸隠独特の「しかけ」があるのです。たとえば、善光寺から古道をたどって戸隠に向かうと、江戸時代の地震で倒れた鳥居が残る「一の鳥居」に着きます。少し坂を登った小さな峠のような場所ですが、参拝する人々がここに立つと、眼前に戸隠連峰が現れるのです。宝光社も中社も少し奥に進むと、それぞれ伏《ふし》拝《おがみ》や女人《にょにん》堂跡といった、本院岳や戸隠山、高妻山がきれいに見える場所があります。ただ、美しいだけでなく、それぞれの山には決まった神仏が祭られています。戸隠は小菅とは別の方法で、訪れた人に山に対する信仰が伝わる工夫をしたようです。

交通の要所の目印──稲荷山

千曲市の稲荷山には、国の重要伝統的建造物群に選定された町並みがあります。ここも、戦国時代の終わりに上杉景勝によって拠点となる城が築かれました。しかし、江戸時代には城がなくなったため、松本・上田・信州新町などの方面と行き来する道が交わる場所として町並みが発展しました。

カギの手に曲がる道を中心として家並みが形づくられており、よく観察するとその道の延長上には冠着山があります。冠着山は平安時代から戦国時代ごろまでの物語・和歌・謡曲などに描かれた「姨捨山」にあたると考えられますが、稲荷山の町並みが冠着山に対する信仰の現れと考えるのは少し無理があります。ただ、江戸の駿河町の通りが富士山に向いているように、城下町や宿場町のような信仰とのつながりが薄い町並みでも、目印（シンボル）になるような山に通りの向きをそろえることがあり、稲荷山もそのような例の1つと考えられます。

（遠藤　公洋）

稲荷山の町並みの正面に冠着山がそびえ立つ

古代の家の建築技法

地面に穴を掘り、柱を建てる

人々の住まいの跡として確認できる一番古いものは、旧石器時代、平地に柱を建てただけの簡易で移動可能な住居と考えられています。

山間部には洞穴を住居とした遺構も残っています。これは、いまから約1万年前、隆起線文《りゅうきせんもん》土器～押型文《おしがたもん》土器を使う縄文時代草創期～早期のものです。長野県内では荷取《にとろ》洞穴（長野市戸隠）、石小屋《いしごや》洞穴（須坂市）、栃原岩陰《とちばらいわかげ》遺跡（南佐久郡北相木村）などが知られています。

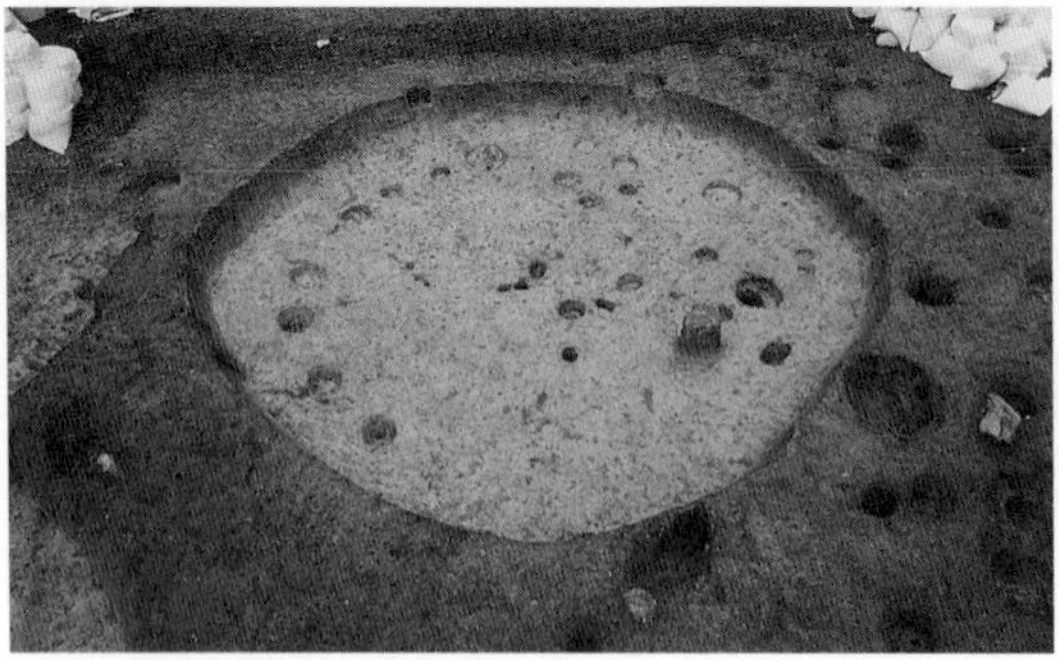

お宮の森裏遺跡（上松町）の竪穴住居跡

古代の家の建築技法

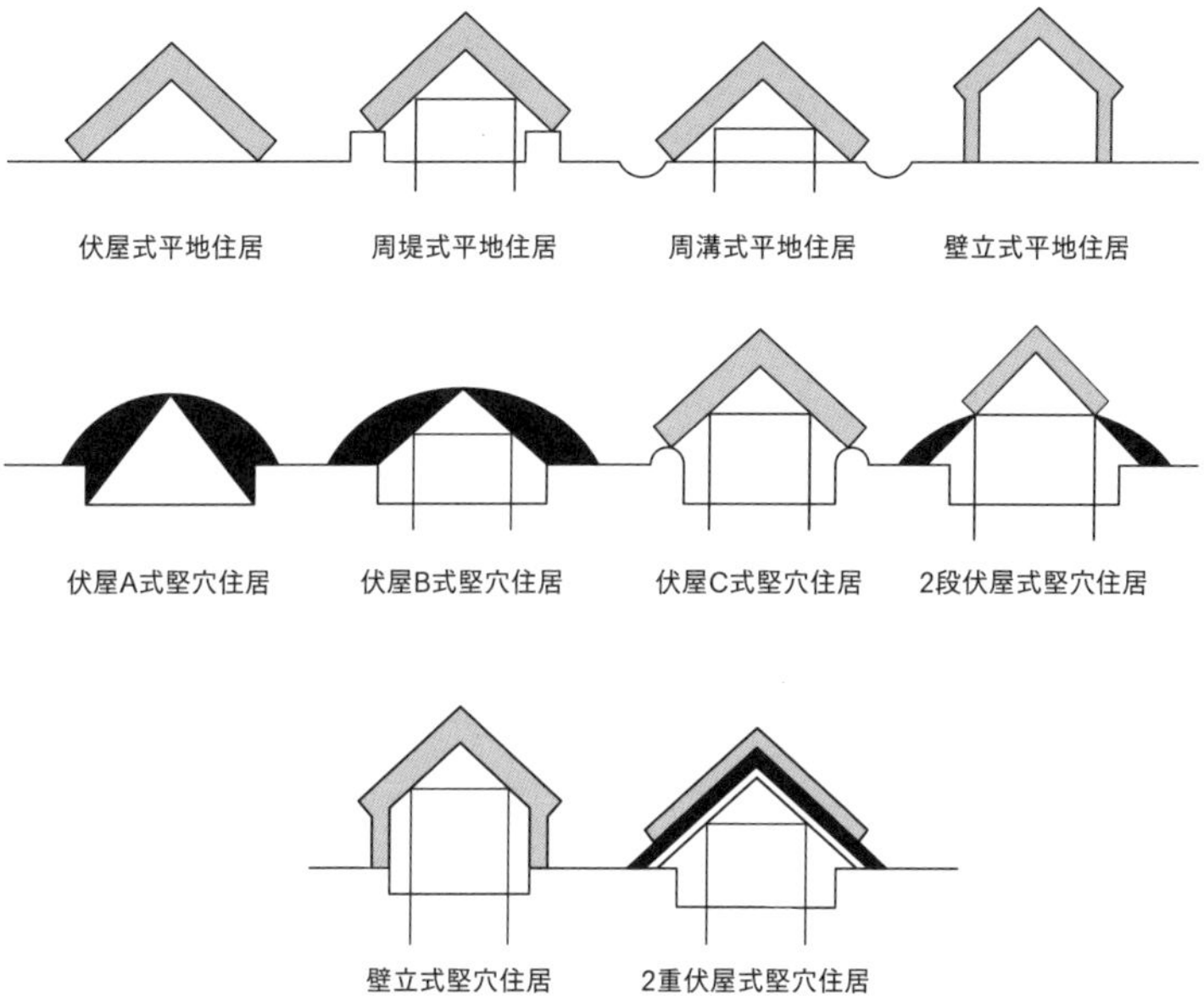

宮本長二郎さんによる原始・古代の建物の構造分類

建物としての住居も縄文時代草創期には出現し、その後発展していったと考えられています。

長野県で最も古い建物跡は、お宮の森裏遺跡（木曽郡上松町）で見つかった9軒の竪穴住居跡です。出土した土器（表裏縄文土器）から、縄文時代草創期後半ごろの建物と考えられています。

当時の建物として推定される構造は、床の位置（平地・竪穴・高床など）、壁の有無（伏屋式、壁立式など）、構造や構法（掘立柱式、棟持柱式等）などによって分類されています。お宮の森裏遺跡の調査報告書によれば、竪穴の平面形が円形であることや、柱穴が壁に沿って巡っていることから、住居跡の上屋《うわや》は円錐形の屋根を持っていたと推定でき、竪穴・伏屋・掘立柱式ということになります。さらに柱穴の深さも非常に浅く、配列も雑然としていることから、簡単な構造であったと考えられています。

阿久《あきゅう》遺跡（諏訪郡原村・国史跡）は、いまから約6500〜5000年前の日本の縄文時代前期を代表する遺跡です。中央自動車道西宮線建設に伴う発掘調査では、多くの住居跡・方形柱穴列群・環状集石群をはじめ、膨大な石器と土器が出土しました。なかでも、住居が中央広場を取り囲んで、馬蹄形ないし環状に並ぶ典型的な集落遺跡であること、中心部に立石・列石を伴う径120mの環状集石群を伴うことなどは、ほかに例を見ないものです。

また、広場のなかの数カ所に太い柱を一辺3〜5本ずつ方形に立てた「掘立柱建物」を建てて、非日常的な空間を形作っていることは、当時の信仰のあり方を考える手がかりとなっています。

ちなみに、長野県立歴史館の常設展示「縄文のムラ」は阿久遺跡の竪穴住居とともに掘立柱建物を復元しています。復元の際、これを高床の構造を持つ祭殿と想定し、床を支えるための仕組みとして、添柱《そえばしら》を用いた構造で復元しました。１９９０年

2

日本の縄文時代前期を代表する阿久遺跡。背景は八ヶ岳連峰

代初めの歴史館建設当時、「縄文時代前期には部材を『貫《ぬき》』でつなぐ技術はなかった」と考えられていたからです。

いまは、遅くとも縄文時代中期には高度な木材加工技術が出現していたことがわかっています。富山県にある縄文中期の桜町遺跡（小矢部市）の水場の木組みに、大量の建築部材が転用されています。その分析から当時、木と木を組み合わせる際に施された突付《つきつけ》・相欠《あいがき》・ホゾ・欠込《かきこみ》・大入《おおいれ》・輪《わ》薙込《なぎこみ》・渡腮《わたりあご》など、さまざまな加工技術を知ることができます。

日本古来と大陸の技法を使い分け

地面に穴を掘り、柱を建てるという伝統的技法は、縄文時代から古代に至るまで引き継がれまし

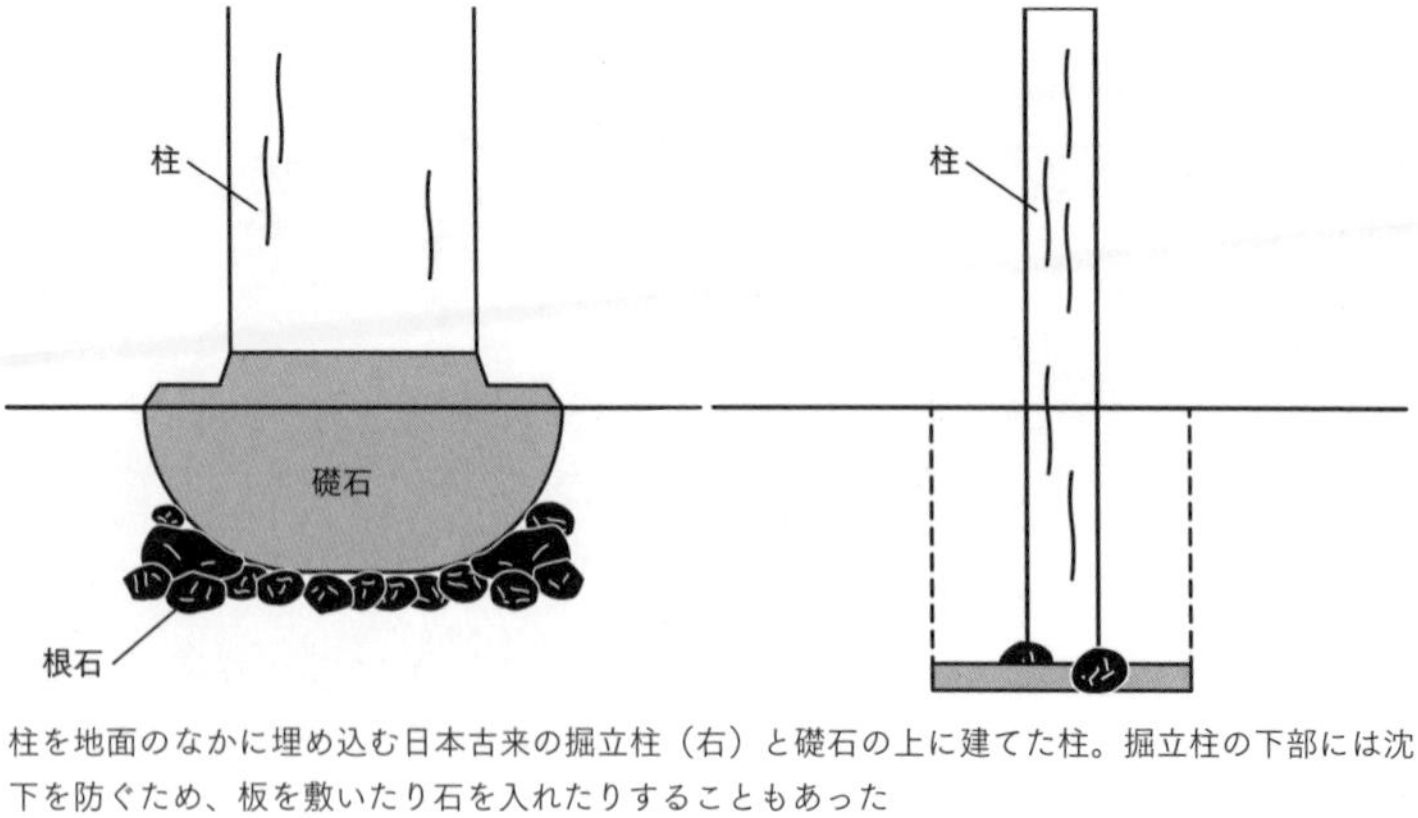

柱を地面のなかに埋め込む日本古来の掘立柱（右）と礎石の上に建てた柱。掘立柱の下部には沈下を防ぐため、板を敷いたり石を入れたりすることもあった

た。古墳時代には、大規模な豪族の居館でもこの技法が用いられています。

一方で、6世紀、中国大陸・朝鮮半島から仏教が伝来し、それに併せて大陸様式の建築技術も入ってきました。それは、それまでの在来の技術とは全く別系統のもので、建物を建てる基礎の地盤を固め（版築《はんちく》）、礎石の上に柱を立て、屋根には瓦《かわら》を葺《ふ》き、柱と柱を梁《はり》（頭貫）でつなぐ技法が用いられたものでした。

柱を地面のなかに埋め込む日本古来の掘立柱建物は、屋根が板や樹皮で葺かれていました。ですから、瓦葺の建物に、人々は新しい文化の息吹を感じたに違いありません。

ただ、すべてが新たな様式となったわけではなく、日本古来の様式と使い分けがなされました。すなわち、大陸から導入された仏教の寺院や、大陸風の儀式に用いる大極殿などは新しい建築様式を用い、天皇の住まいなど日常生活に用いるものは伝統的な掘立柱建物のままだったのです。そうした伝統は、現在も伊勢神宮本殿の建築様式（神明《しんめい》造り）と20年に一度建て替える式年遷宮の行事に見ることができます。大町市の仁科神明宮は江戸時代初めに造られた神社建築ですが、その後の建て替えがなく、現存する最古の神明造りの建物で、国宝に指定されています。

わが国に現存する最古の建物は、7世紀後半に建立された法隆寺金堂や、8世紀前半の薬師寺東塔、唐招提寺金堂などの寺院建築で、いずれも版築と礎石立て、瓦葺によるものです。当時としては最先端でした。こうした建築様式は地方にも影響を与え、奈良時代に全国に置かれた国府や国分寺などの建築に取り入れられ、新たな時代の到来を人々に示すものとなりました。

長野県では、信濃国分寺跡で建物の礎石、瓦が見つかり、基壇も発見されています。基壇は建物を支える基礎ですが、国分尼寺の金堂跡では基壇が版築によっていることが確認されています。

（福島　正樹）

昭和40年代に造成が始まった松本市中山霊園。墓地が規格化されている

死者に対する考え方

お墓

昭和60（１９８５）年10月25日の午前、発掘調査を実施していた吉田川西遺跡（塩尻市）で、緑釉《りょくゆう》陶器が入った墓が発見されました。この墓は平安時代のもので、長さ２２０㎝、幅１１９㎝、深さ30㎝ほどの長だ円形の穴の中央に、遺体を納めた木造の長方形の棺桶が置かれていました。遺体の頭の部分には、鏡の入った八角形の漆皮《しっぴ》箱と中身が不明の方形の漆皮箱、漆器椀。棺桶と側壁の狭い空間に、緑釉陶器の椀や皿、耳皿、灰釉《かいゆう》陶器の小瓶、素焼き（土師器《はじき》）の椀や皿、灰釉陶器の壺が押し込まれるように入っていました。

頭の部分に置かれた物は、葬られた人々と縁の深い品々、脇に納められた食器と壺は、埋葬された人物の葬

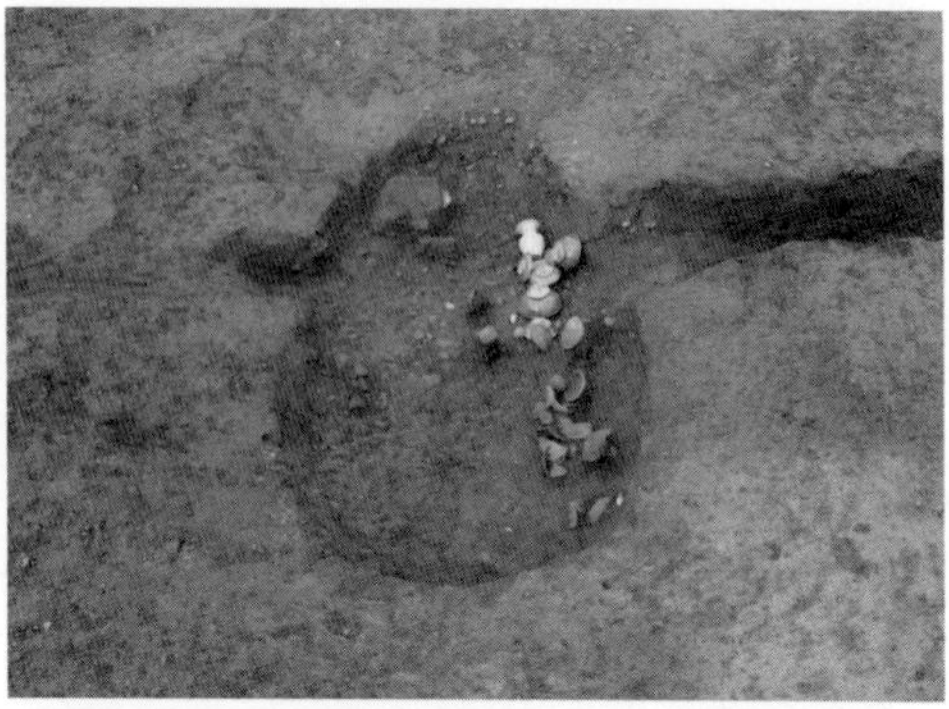
緑釉陶器の食器と灰釉陶器の瓶を納めた吉田川西遺跡の木棺墓

儀に用いられたと考えられています。この墓に入れられた品々は、地方ではめったに出土しない漆製品や鏡で、都の貴族が使用するものです。特に6点の緑釉陶器は、「何でこんなところで」と有名な研究者が思わず口にしたほどの、都でも納められることが少ない珍しい陶器です。この墓に葬られた人物は、都から来たか、少なくとも都と強い結びつきを持っていた人なのでしょう。

＊＊＊

平安時代の遺跡の村からは、木棺を据えた墓が発見されることがあります。吉田川西遺跡と同じように木棺の上あるいは中から、鏡や鉄鐸などの金属製品などが見つかり、木棺の脇には食器と貯蔵具が納められています。吉田川西遺跡のような緑釉陶器は発見されませんが、素焼きの器や灰釉陶器などが入れられます。墓に入れられた品々からは、葬られた人物の身分差を感じることができます。

しかし、たとえ竪穴住居跡が多数発見されても、墓は発見されないことがほとんどです。発見されたとしても竪穴住居跡とは比較にならないほど少数です。墓に埋葬される人々は限られた一握りの人で、墓を造ることが当たり前でない時代であったと言えます。

それでは亡くなった人々の遺体はどのように扱われたのでしょう。平安時代の記録を見ると、百姓と呼ばれた多くの人々は、亡くなると遺体は決められた場所に置かれ、そのまま野ざらしにされていたようです。平安京では、遺体を置く場所が「鳥辺野《とりべの》」「化野《あだしの》」「蓮台野《れんだいの》」の3カ所に決まっていました。「葬」という漢字も、草むらに死者を置く様子から出来上がっているといわれます。現在から見るとむごいように見えますが、遺体を決められた場所に置くことで、生きている人々に崇らない、死者の国に無事に行くことができる方法と考えられていたようです。

室町時代になると、墓と考えられる穴が、村に隣接して集中して発見されるようになり、墓地ができあがって遺体は土葬されるようになったと考えられます。ただ、石塔を建て、供え物をした痕跡は見つかりません。墓参りなどの供養はされなかったかもしれません。

墓穴が集中する場所には、壁が強い火で焼かれて、少数の焼けた骨が内部に残った穴が少数発見されます。これは、遺体を焼いた施設と考えられています。残っている骨は一体分にしては少な過ぎるので、骨を拾って別の場所に納めたと考えられます。ただ、村のまわりからは発見されていません。では、どこへ行ったのでしょう。

平成元(1989)年、松原遺跡(長野市)の山の西向き斜面の造成したいくつかの平場から、多数の五輪塔が発見されました。調査を進めると、下から小さな箱や曲げ物に納めたと思われる火葬骨が200個以上も発見されました。五輪塔も少なくとも200基以上建っていたと考えられます。どうも平地で荼毘《だび》に付された遺骨が納められ、極楽浄土へ向かうことを願って五輪塔が建

松原遺跡の火葬墓。五輪塔の中から埋められた火葬骨が発見された

てられたと考えられます。
村の多くの人たちが埋葬されるようになったなかでも、一握りの人々が火葬され、霊験あらたかな場所に極楽浄土を目指して納骨されたようです。

江戸時代になると、墓は集落や家の単位で決まった墓地に造られ、死者はそこに埋葬され供養が行われるようになりました。土葬が続きますが、長野県でも100年ほど前から、火葬が始まります。そのころには「○○家之墓」の墓石が立つ現在のような墓地が出来上がるとともに、住む場所から離れた「○○霊園」「○○市営墓地」など団地のようなお墓もあります。供養は、遺骨を納めたお墓や納骨堂で手を合わせる方法が一般的です。

お盆にはお墓参りをし、先祖の霊が迷わずに自宅に戻れるように迎え火を焚きます。戻ってきた先祖の霊にお供え物をして、家族全員で供養をし、子孫とともに楽しく踊って先祖の霊を慰めるために盆踊りも行われてきました。お盆が終われば、迷うことのないように送り火を焚いて、先祖の霊をお墓に送ります。

しかし、死後は自然に還りたい、海や野山に眠りたいという人も多くなり、樹木葬、海への散骨葬などを希望する人も増えています。また、供養できなくなったり、お参りする人のいなくなったりしたお墓をどうするか問題になり、「墓じまい」などが話題に挙がっています。

お盆の風習やお墓、そして死者に対する考え方も、時代とともに大きく変わってきました。今後、どのように変わっていくのでしょうか。

（原　明芳）

芸能から生まれた舞台の変遷

踊り念仏から生まれた舞台

時宗の開祖一遍上人《いっぺんしょうにん》（遊行《ゆぎょう》上人）が始めたとされる踊り念仏の発祥の地が、長野県佐久平であることは意外と知られていません。

中世の佐久平は、開発領主らが領有地の縄張りに起因する小競り合いを繰り返していました。不安定な世情を反映し、人々は神仏や高僧にすがることを求めたといいます。そこに突如として現れたのが時宗の僧侶らによる踊り念仏です。

信濃国に立ち寄った一遍上人が、発心《ほっしん》した武士や庶民を巻き込み、念仏を唱え軽快に飛びはね踊り回った逸話の出所は、伴野荘（佐久市伴野・野沢）の市庭《いちば》在家（同市跡部）や、小田切（同市臼田）の武士の館推定地にあります。

特に小田切地籍では、紫雲に乗り、上空を流れ渡る阿弥陀仏を偶然にも拝した一遍上人が、歓喜のあまり押さえきれない衝動に、念仏を唱え踊り、それを目の当たりにした人々に強烈な印象を残したと伝わっています。その場所には、「踊り念仏発祥地」の石碑が建立されています。

「信州小田切里」が所収される『一遍聖《ひじり》絵《え》』(清浄光寺《しょうじょうこうじ》蔵)には、弘安2(1279)年末、西方寺(同市跡部)境内で踊りを見せる一遍上人を、俗人が取り巻く様子が描かれています。この踊りは「跡部の踊り念仏」として現在も毎年4月上旬、西方寺で執り行われ、国の重要無形民俗文化財に指定されています。

佐久市小田切地籍に立つ「踊り念仏発祥地」の石碑

道俗《どうぞく》により一大旋風を巻き起こしたこの出来事は、時を超えて聞き描かれた『遊行上人縁起絵第七巻』(同蔵)と共に伝承されています。ここには、一遍が二度参詣した善光寺の本堂前舞台上で、弟子で時宗二世の他阿《たあ》上人一行による念仏踊りを奉納する姿を、庭上に座って見物する様子が描かれます。

現在の善光寺本堂外陣《げじん》口、賓頭盧《びんずる》尊者に向かって左側に、大太鼓を囲む妻戸台《つまどだい》があります。この妻戸台こそ、念仏踊りを奉納した時宗の僧団を後に、善光寺妻戸などと称したことに由来する舞台なのです。

歌舞伎と舞台の関係

佐久平を発祥地とする念仏踊りが人々に強烈な印象を残し、それが源流となって、その後さまざまな芸能が誕生したともいわれます。

慶長8（1603）年、徳川家康が江戸に幕府を開いた年に、出雲大社の巫女《みこ》で出雲阿国《いずものおくに》といわれた女性が、京都四条河原などで、歌舞伎の創始とされるかぶき踊りを創演したのもその1つです。これは、日常から外れた奇矯《ききょう》な流行を好む若者の

善光寺本堂にある妻戸台（©善光寺）

傾《かぶ》いた様を男装で表し、公家衆を前に簡素な舞台上で演じたことが始まりでした。

その後、歌舞伎は幕府から度重なる風紀上の禁止令を受けます。大きなものでは、寛永6（1629）年に出雲阿国以来の女歌舞伎が禁止。それに取って代わった若衆歌舞伎も承応元（1652）年に禁止され、今日の歌舞伎の祖型となる男だけが演ずる野郎歌舞伎が始まりました。

元禄期、歌舞伎は上方と江戸でそれぞれ確立します。京都・大坂では、狂言作者の近松門左衛門が書いた武家社会のお家騒動などを背景とした義理人情ものを演目に取り入れた和事を、名優坂田藤十郎らが演じます。

一方、江戸では勧善懲悪を演目に、顔に紅と墨で隈取《くまど》りを施し、大太刀を佩《は》き、斧を振り回す超人的な勇者を演ずる「荒事《あらごと》」を初代市川團十郎《だんじゅうろう》が創始し、花形芸として確立させました。この時の演目「暫《しばらく》」「鳴神《なるかみ》」「不破《ふわ》」は、後の七代目團十郎が天保11（1840）年に制定した歌舞伎十八番に含まれます。

歌舞伎が盛んになってくると、このような創作芝居に対応できる舞台機構、吊り物装置などが必要となっていきます。また、興行面では、舞台から観客席までを屋根で覆う全蓋《ぜんがい》式の芝居小屋の常設が求められました。

いまでは当たり前の「廻り舞台」や「セリ上げ」などを考案したのが上方の歌舞伎役者、並木正三《なみきしょうぞう》で、それらを駆使して演ずる歌舞伎と役者への人気は益々高まりました。歌舞伎の流行は、幕府が道徳や秩序の乱れによる世情の混乱を恐れるほどだったといわれ、江戸の町中から歌舞伎興行が締め出されたこともありました。

七代目市川團十郎（五代目海老蔵・1791〜1859）は、江戸時代後期の天保12（1841）年6月から8月まで、江戸を脱出して甲州と伊那谷の川路を訪れました。團十郎は、ここで歌舞伎興行を行ったことを旅日記『遊行やまざる』に記述しています。

團十郎が歌舞伎興行を行った中條舞台（飯田市川路公民館敷地）は、露天に座って観劇する舞台でした。間口10間、奥行4間半、建坪45坪で廻り舞台を備えており、江戸の芝居小屋に劣らぬ本格的なものでした。團十郎は逗留した庄屋に、持ち込んだ太鼓、ドラやコンチキなどの舞台道具のほか、筆墨類や遺愛品の茶道具などを残しました。

大盛況のうちに地方巡業を終えた團十郎でしたが、江戸で待ち受けていたものは、江戸十里四方所払《ところばらい》という裁きでした。当時は、幕府が封建支配体制の維持と強化をはかった天保の改革による奢侈《しゃし》を禁じた風俗粛正による、庶民への見せしめだったのです。

始まりでした。

信州に造られた舞台

信州での舞台芸能は、神社の拝殿やその都度設けた簡易的な舞台上で演ずる奉納芸能が始まりでした。

奉納芸能とは、農事暦に位置付けた五穀豊穣を神に祈り、収穫に感謝するためのもので、村人の手による領主公認の重要な神事でした。文化・文政期（1804〜30）ごろから、村々が競うように神社境内に屋根を載せた専用の舞台を建てました。野天の下、前庭に座って観劇するいわゆる「半小屋」で、「芝居」とは、地面や芝生に座り、観劇することから名が付いたともいわれます。

東御市祢津東町の歌舞伎舞台は、西町田畑家文書『記録帳』から、文化14（1817）年に建てられたことがわかります。今日、この舞台で演じられる祢津東町歌舞伎は、地元住民による地芝居として、舞台とともに残る貴重な文化遺産です。

長野県内で明治時代初期までに建てられた舞台は、昭和61（1986）年の調査時点で270棟が確認されています。取り壊されたものを含めると435棟を数えます。これらの半小屋（舞台）は、観劇に都合のよい場所を選び、また遠見や舞台装置を考慮して建て

東御市祢津東町の歌舞伎舞台

られています。特に廻り舞台は、テンポのよい場面転換が可能なため、各地で採用されました。

信州の各地では、これらの舞台を駆使し、時には旅芸人を招き入れ、有償で芝居を演じさせる買芝居の興行も行いました。大鹿村の大鹿歌舞伎には、ほかでは見られない演目「六千両《ろくせんりょう》後日《ごじつ》之《の》文章《ぶんしょう》（重忠館の段）」があり、村では「江戸の歌舞伎役者市川團十郎が授けた」との伝承があります。当時、伊那谷を訪れた團十郎一座と交流があったのでしょう。

一方、伊那谷とその周辺に根強い人気があった人形芝居は、淡路島や大坂を本拠地に活躍した人形遣いの集団との深い係わりがありました。

江戸時代、上方は工芸中心の社会で、芸能では人形浄瑠璃が盛んな土壌でした。しかし、歌舞伎の流行に追われるように人形遣いたちが集団となって旅廻りが始まったといいます。今日、人形芝居の伝統を有する伊那谷の早稲田、黒田、今田など江戸時代後期に盛んとなった地域は、そうした旅廻り先の1つで、上方の人形芝居が地方に定着した姿なのです。

芝居小屋の誕生と盛衰

明治時代に入ると、文化芸能界にも文明開化の波が押し寄せました。明治新政府が演劇の近代化を奨励したからです。

明治5（1872）年には、東京府が「演劇は社会強化の具で、貴人、外人、家族の鑑賞に耐える上品な、しかも史実をまげない正確なものたるべき」と位置付けます。これにより、河竹黙阿弥《かわたけもくあみ》らによる演劇改良運動が始まりました。世相を背景とした散切物《ざんぎりもの》はその試みでした。

同じころ、七代目市川團十郎の五男、九代目團十郎は、史実を芝居に反映させた活歴物《かつれきもの》

大正３年に開場した須坂劇場につるされた舞台背景画（上）と廻り舞台を回す奈落が残る東御市祢津東町の歌舞伎舞台

で、初代市川左団次とともに時代物役者に活路を見出しました。また、五代目尾上菊五郎は世話物に力を注ぎました。明治22（1889）年、東京・銀座に完成した歌舞伎座とともに、この3役者による「団菊左時代」が到来したのです。

一方の信州では、東北信を管轄した中野県が長野村（現長野市）の西方寺に県庁を移転し、長野県が誕生して間もない明治6（1873）年、善光寺境内に全蓋式の常磐《ときわい》井座が建てられました。160坪ほどの枡《ます》席と桟敷《さじき》席に、花道や廻り舞台などを備え、歌舞伎を観劇する本格的な芝居小屋の誕生でした。善光寺門前町年表によれば、常磐井座の開場は善光寺本堂の修復工事が終了した年で、参詣客を当て込んだものでもありました。

この常磐井座が開場した明治初期から戦後直後まで、県内の都市部に建設された芝居小屋は、寄席を除くと70棟近くを数えます。昭和56（1981）年から始まった調査で、建物構造、舞台形態が把握できたものは50棟ほどでした。

そのなかで、大正3（1914）年、須坂村（現須坂市）に開場した須坂劇場の舞台は、上手ちょぼ床と下手お囃子《はやし》部屋が設けられ、さらに直径9mの廻り舞台は舞台下の〝奈落〟から操作しやすい構造で、吊り物機構も前後に多くの滑車が並んで、最大16回の場面転換が可能でした。舞台背景用として残っていた風景画の一部は昭和初期に流行した剣劇用で、芝居小屋としては終末期のものでした。

平成6（1994）年7月27、28日、長野市西後町の北野文芸座は、歌舞伎役者の尾上菊五郎らを招き、柿落《こけら》とし公演を行いました。

初日は、長野市権堂の秋葉神社から北野文芸座までの400mほどを人力車でのお練り行列に始まる豪華なもので、「寿式三番叟《ことぶきしきさんばそう》」「越後獅子《えちごじし》」「芝浜革財布《しばはまのがわざいふ》」を上演しました。

平成となり、古典芸能の観劇を中心とする地方都市劇場の新設は全国的に珍しく、善光寺境内に常磐井座が誕生してから実に120年が経過してのことでした。（伊藤　友久）

現在の善光寺本堂

建築と信仰の関係

金堂と本堂

大きな伽藍《がらん》をもつ寺院の中心になる建物を何と呼ぶかご存じですか。法隆寺のような古代にさかのぼる伝統をもつ寺院では「金堂」ですが、信州を代表する善光寺は「本堂」と呼んでいます。しかし、善光寺の古い記録をみると、かつては「金堂」と呼ばれていたことがわかります。

金堂と本堂、どこが違うのでしょうか。

金堂はその中心に釈迦如来像などの本尊を配している、もっぱら仏のために準備された建物です。宗教的なお務めをする僧侶のための土間がわずかにあるだけです。それに対し本堂は、本尊をお祭りする空間だけでなく、僧侶のお務めの空間に加え、参詣に訪れ仏を拝する人間のための空間も付け加えられています。

金堂から本堂への変遷については、

①法隆寺のように建立当初の形と名称が継承されて、本堂へ移行しなかったもの

②善光寺のように、建物の形も名称も金堂から本堂へと移行したもの

③建築当初から仏の空間とお務めをする空間、さらに参詣者の空間を準備したもの

の3つのタイプがあると考えられています。

では、善光寺の金堂から本堂への変遷はどのように考えることができるでしょうか。

現在の善光寺本堂は、撞木《しゅもく》造りと呼ばれる屋根の形をとっています。入母屋《いりもや》造りの屋根をT字形に組み合わせたもので、堂の手前(南)の部分は南北棟、奥の部分は東西棟になり、これを上方から見ると大棟《おおむね》の線がT字の撞木に似ていることからつけられた呼称です。

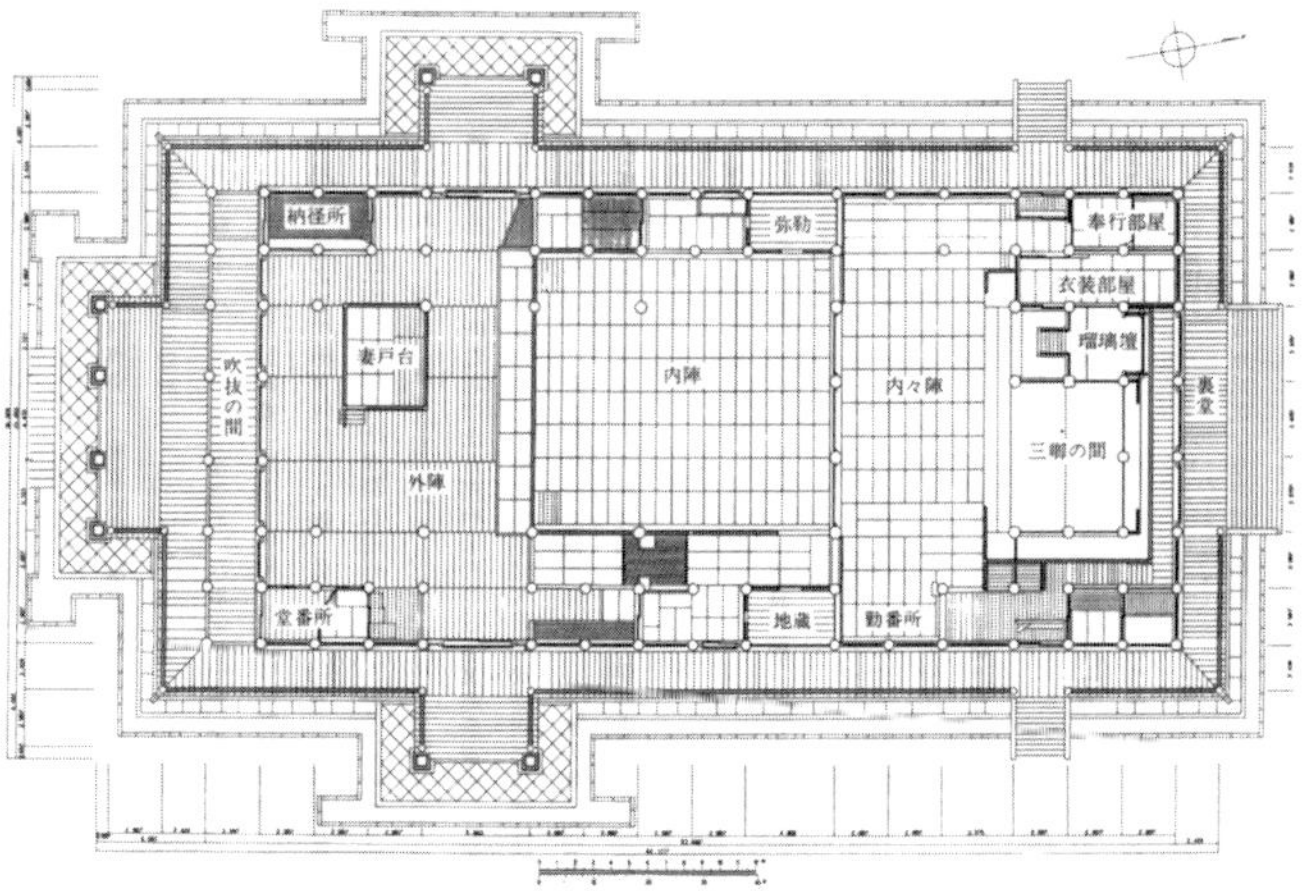

善光寺本堂の平面図(『国宝善光寺本堂保存修理工事報告書』より)。
北側(右)の瑠璃壇と内々陣の空間が本来の金堂の空間で、南側(左)に参詣者の空間が付け加えられた

これは、仏の空間である金堂に人間が入る（参詣する）空間が付け加えられた結果、長い奥行きを持つ本堂が形作られ、それに伴って撞木造りの屋根も形作られたと考えられています。

善光寺（前身寺院を含む）の創建が古代（飛鳥時代）にさかのぼるとすると、当初は法隆寺金堂のような形式であったものが、参詣者などの増加を背景に、参詣者のための空間を付け足すことによって撞木造りの形を取るに至ったと考えられるのです。それが確認できるのは、鎌倉時代末期であると考えられています。

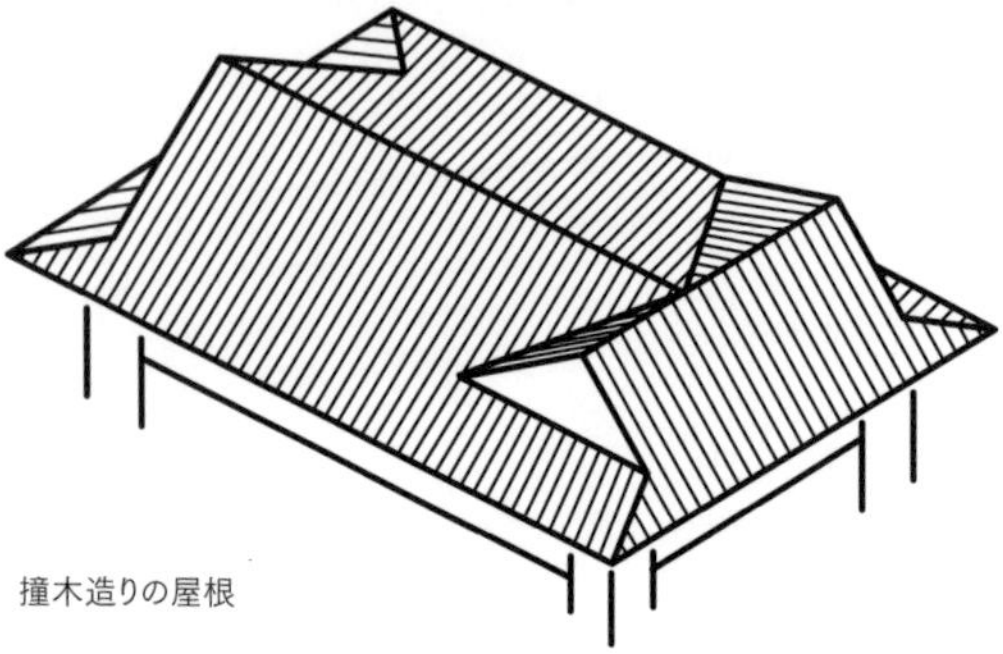
撞木造りの屋根

それ以前の善光寺の金堂と本堂の関係を考える手がかりが残されています。

それは、室町時代の『善光寺縁起（応安縁起）』に収められた「文永炎上以後堂塔建立之次第」です。「文永炎上以後」とはありますが、治承3（1179）年の火災の後、再建された際の建物が記載されたと考えられています。

そこには「金堂東西七間。南北十一間。朝時遠江守御建立。観揚坊造立。礼堂六間。南北十七間」と記されており、金堂のほかに礼堂という建物が存在したことがわかります。礼堂とは平安時代、教義に基づく礼拝（儀礼）を行うために、仏を祭る金堂（正堂）とは別に設けられた建物です。これによると、鎌倉時代末期以前、仏の空間である金堂と僧侶らの礼拝の空間である礼堂がそれぞれ別に存在していたことがわかります。「文永炎上以後堂塔建立之次第」の史料の性格が今ひとつはっきりしない点に課題がありますが、善光寺本堂ができる経緯を考える資料として貴重です。

（福島　正樹）

城の石垣が語るのは

高石垣の登場

山城が築かれるようになったのは14世紀前半、鎌倉幕府崩壊前後の騒乱の時期です。馬に乗って戦う騎兵には人の力が及ばないため、兵士を乗せた馬の力を削ぐための砦《とりで》として築かれました。当時の城は戦いのないときに使われることがなかったため、生活施設はありませんでした。

そうした状況が変わってきたのは15世紀半ばです。応仁の乱に始まる全国的な戦いが恒

典型的な高石垣

常的に続き、兵を長期間待機させる必要から、「曲輪《くるわ》」と呼ばれる平坦地《へいたんち》や、防御のための土塁や堀、切岸《きりぎし》などの土木施設が築かれ、見張り台や寝食施設などの簡易的な掘立柱の建物も設けられるようになります。

戦国時代後半の16世紀半ば以降は、城に近づいたり、攻め込んできたりする敵兵を想定した城へと発展していきました。城の出入り口を直進できないよう、開口部を二重にしてずらしたり、L字に折ったり、敵兵を側面から射るために、堀を掘った土で積み上げた土塁をL字に屈曲させるなどの工夫が見られます。

こうしたなか、織田信長や豊臣秀吉

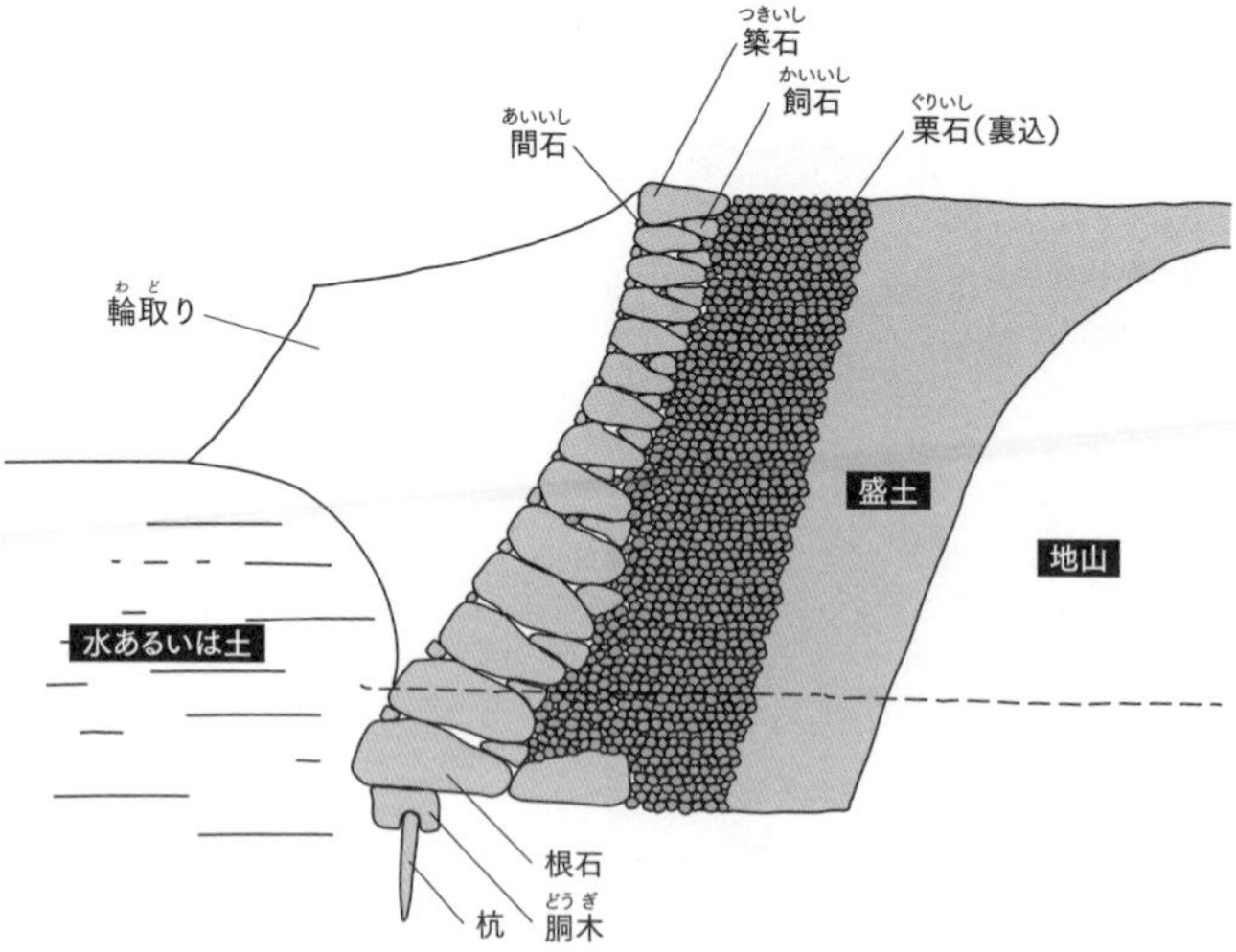

高石垣の断面

による尾張、美濃から畿内での激しい勢力争いに伴って、山頂や山腹に設けた曲輪の斜面を石垣で強化して、その上に天守や櫓《やぐら》といった多層建物や長大な渡櫓《わたり》や土塀を乗せる「高石垣《たかいしがき》」の構築技術が考案され発達しました。

高石垣の技術は、寺社の建物の造成や基礎に使われてきた、高さ1～2m前後の石積み技術が背景にあると考えられます。石材を積み上げる地盤に、胴木《どうぎ》と呼ばれる横木を据えて石積みの沈み込みを抑え、石積みに勾配や反りをつけ、角《すみ》の長方形の角材の長短の面を交互に組み上げ（算木積み《さんぎづみ》）崩れにくくしたり、その背面に排水用の細石（栗石《ぐりいし》）層を設けたりすることで、高さ10mを超える石垣が築かれるようになります。

城に求められる機能が変化して石垣の耐久性と防御性が向上したことで、周囲を威圧するという新たな役割が加わっていくのです。

広がる石垣技術

東日本に石垣の技術が波及したのは、天正18（1590）年の秀吉の小田原北条氏攻めの際、前線基地となった神奈川県の石垣山城の築城がきっかけです。同じ年、秀吉によって関東に移封《いほう》となった徳川家康をけん制する意図で、信州でも松本、上田、松代、小諸、高島、飯田の城主に豊臣家臣が配置され、それぞれ城の大改修や築城を行ったと考えられます。

信州に築かれた近世の城で、石垣にその跡を留めているところは10城あります。現在見ることのできる石垣遺構を古い順に挙げると、松本城、松代城（長野市）、小諸城、高島城（諏訪市）、飯田城、高遠城（伊那市）、伊豆木陣屋《いずきじんや》（飯田市）、上田城、飯山城、龍岡城（佐久市）と判断されます。

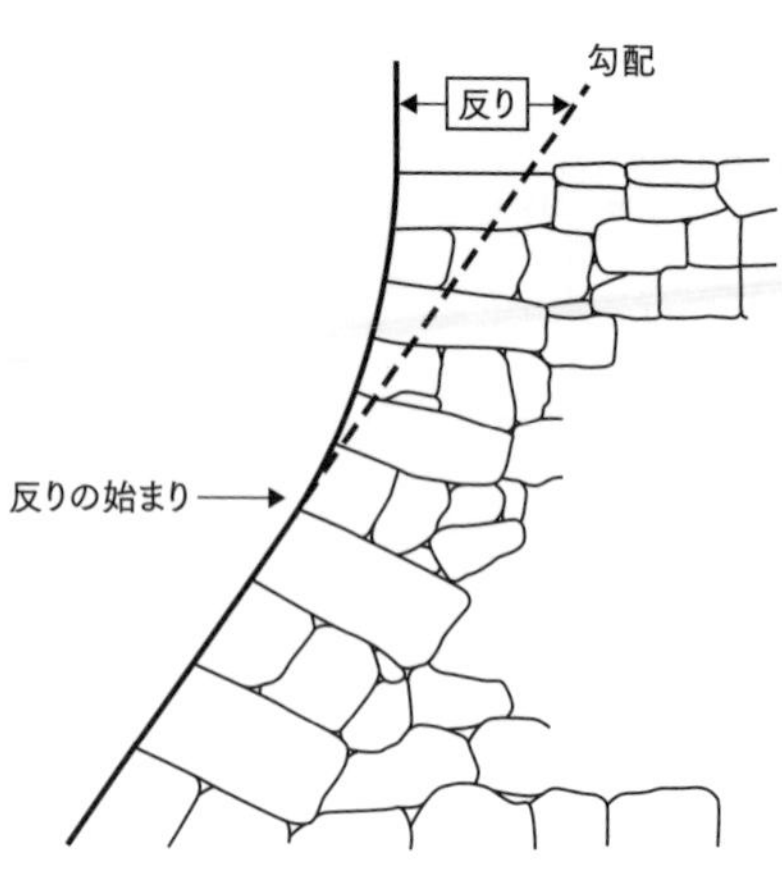

石垣の勾配と反り

その1つ松代城は、本丸全周を石垣で囲む防御性の高い城です。城跡の本丸北東部に築かれている戌亥《いぬい》櫓台は、堀水面から10m近くも高い高石垣で、天守建設も想定していたのではないかと思うほどです。本丸内側に面する南東の角をほぼ直角に折り込むことで石垣の角を6カ所とし、そのうち5カ所を算木積みにした非常に高い強度を確保しています。豊臣方の田丸直昌が城主だった時期に造られたと考えるのが妥当ですが、在城期間がわずか2年という短期間でそれが可能だったかという疑問は残ります。

また、小諸城も、断崖側を背に本丸の3面を石垣で囲む防御性が高い城で、天守建物があったと考えられている天守台の高さが7mを越えています。天守台石垣は勾配に反りを加え、4面それぞれの中央部分をアーチ形にへこませて石垣特有の「孕《はら》み」という傷みを抑える「輪取《わど》り」工法を採用し、4つの角を算木積みにしています。加工されていない自然石の築石と間石を積み上げた石垣のため、天正18年（1590）年からの豊臣方、仙石秀久が城主だった時期の大改修と考えられますが、工法の完成度が高く、時期はやや下るのではないかとも考えられます。

県内で最も古い石垣遺構とされる松本城の石垣は、天守台石垣の高さが天守群の高さに比べて4分の1以下と低いのが特徴です。天守台内部に「土台支持柱《どだいしじばしら》」と呼ばれる丸太材の補強組み物が施されていて、低湿地に高層建造物を建てるための対策と思われます。さらにその4つの面を輪取りにして、4つの角を算木積みにしています。

算木積みの仕組み

その石垣の完成度からは、構築時期がかなり下ってくるのではないかと見られるのですが、昭和25～30（1950～55）年の昭和大修理の記録には、石垣の修復に関しては触れられていないので、まだ分からないことが多くあります。一方で、その解体修理の際、現在の松本城天守建設時に大天守の設計変更が行われていることや、5層の大天守と3層の小天守の柱間の寸法取りが異なることが分かり、天守台構築と天守創建の時期のズレが指摘されています。

石垣めぐりを楽しむ

諏訪湖畔の高島城は、文献上、豊臣家臣の日根野高吉が築城主であったことが裏付けられ、信州にある近世城郭の中で

小諸城本丸の西石垣群

畿内の石垣構築技術の波及の様子が最もよく残されている城です。文禄元（1592）年から6年の歳月をかけて湖畔の軟弱地盤に石垣を築きました。特に10城の中で最も高い11mの天守台に3層の大天守と横付けした小天守、以下5基の櫓も個別の石垣上に載せていました。

飯田城で16世紀末の石垣遺構が現存していると思われるのは、水の手御門跡と二ノ丸土橋石垣の一部の2カ所です。いずれも勾配をつけて自然石を積み上げており、いまは民家の床下を支えています。水の手番所跡の石垣は江戸後期以降、かなりの手直しが入っていると思われます。

豊臣政権下の天正18（1590）年に飯田城主の城代が置かれた高遠城は、江戸時代には高遠藩の政庁となっていました。大手門跡周辺石垣遺構の整備調査では、過去の修理・改変が複数回あるものの、畿内の構築工法に沿っていることが確認されています。

飯田市にある伊豆木陣屋は慶長5（1600）年、小笠原長巨《ながなお》が徳川家康から伊豆木1万石を与えられて築いた城です。寛永元（1624）年に創建された御書院と、時期は特定できませんが、物見櫓台の反りを持った石垣遺構に格式の高さがうかがえます。

人気の上田城は天正11～13（1583～85）年、徳川主導のもと、真田昌幸が上杉方に対抗する城として築きました。しかし、真田と徳川の間で領地の帰属を巡る争い（第一次上田合戦）が生じて真田は豊臣方となり、城の改修が行われたと考えられます。ただ、現在の石垣遺構からは、創建期や昌幸改修期の上田城に畿内の石垣構築技術が大きく影響した状況を見い出せる箇所はわずかです。慶長５（１６００）年の関ヶ原合戦の敗戦に伴っていったん上田城は破却されているため、可能性はさらに小さくなると思われます。いまは、寛永３（１６２６）年に城主となった仙石忠政が築いたとみられる石垣が、本丸南の尼ヶ淵側に高さ約15ｍ、横約10ｍの範囲で残っています。享保18（１７３３）年には、松平氏が仙石期石垣の補修と護岸のための石垣工事を行っています。

10城のうち最北に位置する飯山城は、まず永禄７（１５６４）年、武田・上杉の対陣（第５次川中島合戦）の際に上杉方が大改修を行いました。さらに武田氏の滅亡や本能寺の変の翌天正11（１５８３）年、上杉景勝が家臣の岩井信能《のぶより》に改修させており、これが現在の飯山城跡の原形になりました。

改修が相次いだ飯山城に、畿内の石垣構築技術が大きく影響した跡を確認することはできません。現在の石垣遺構範囲は江戸時代初めにあった本丸全周４面のうちの北面および東面の一部で、幕末以降、北信一帯で「丸石積み」あるいは「牡丹《ぼたん》積み」と呼ばれていた在来工法で築かれています。弘化4（1847）年までの飯山城を描いた絵図に、北面および東面の一部以外の面にも石垣が描かれていることから、現在の遺構はそれ以降の石積みと思われます。

佐久市の龍岡城（田野口藩陣屋）は、17世紀フランス式星形五角形の「五稜郭」として建設されました。貞享元（1684）年、家康親戚筋の旗本大給《おぎゅう》松平家が1万6000石の大給藩（愛知県豊田市）を設立。文久3（1863）年、手狭になった本拠地を佐久・田野口に移し、田野口藩と改称した際に3年かけて造った城です。ただ、明治4（1871）年の廃藩までのわずか4年間しか住むことはできませんでした。

龍岡城は、前年に完成した函館五稜郭と比べると郭内面積は約7分の1ですが、斬新な建造物を建てることで、伝統的な〝為政者〟の権威を体現させようという設計意図は函館と共通するものがありました。内郭の全周と、水堀をはさんで外郭の対岸に巡らされた石垣は、地面の起伏に合わせて1・5～2・5mの高さで水平になるように積まれており、粘土で補強した細石（栗石）層に裏打ちされた内郭石垣の上に、幅7m、高さ2m余りの土塁が全周の5分の4弱の範囲で築かれています。

近世の土木技術の到達点

戦国時代の終わり、最終的な支配者になったのは徳川でした。

このころになると、城は反対勢力を打ち負かすための施設ではなくなり、高石垣の巨大城郭を諸大名に築かせる「天下普請《てんかぶしん》」が連続します。つまり、攻撃しようにもどうしようもない城郭を見せつけることで、相手の戦意そのものを失わせることが、江戸城や名古屋城、元和期（１６１５～２４）の大坂城など、「城」に求められた最終目的だったのです。これに対して、信州の10城に見られるような地方大名が本拠とする近世の城郭は、戦国時代の戦いを優位に進めるための軍事施設から、徳川幕藩体制の下で地域を権威で統治するための装置へと、その目的を変化させていきました。

地方に残る近世の城の石垣は、高石垣の構築というこの国の土木技術の１つの到達点を静かに伝える文化財でもあります。築かれ始めてから４５０年近く、高石垣は重要な役目を担い続けているといえます。

（白沢　勝彦）

平成26年オープン当時の銀座NAGANO（信濃毎日新聞社蔵）

長野と信州

微妙に使い分けていませんか

長野県歌が「信濃の国」であることに象徴されるように、長野県では、しばしば「長野県」の代わりに旧国名に由来する「信濃」や「信州」を用います。長野県の北部（北信）と中部・南部（中信・南信）で、「長野」と「信州（信濃）」のどちらに親しみを覚えるか聞くと、北信では長野、中南信では信州と答える人が多いようですが、全体としてみると信州に軍配があがるようです。

長野県が平成26（2014）年に東京・銀座に開設した「信州首都圏総合活動拠点」の名前は「銀座NAGANO　しあわせ信州シェアスペース」と名付けられています。「銀座という日本を代表するスポットに、長野県が設置した、信州を宣伝する場所」ということになるでしょうか。ここでは「長野県」は行政機関、「信州」は私たちの生活するところ、というニュアンスがにじみ出ています。

ちなみに「信州」は「信濃国」の中国風の呼び方で、すでに古代から用いられています。

長野県が平成25年に制定した「信州ブランド戦略」によると、海外戦略や世界につながるイメージを付加する場合に「NAGANO」「ナガノ」を用い、地域という平面的な捉え方のみならず、豊かな自然や人の営みというイメージ、それを育んできた歴史などの時間軸を入れた「広がり」としてとらえる場合は「信州」を意識して用いる、とされています。ここにも、長野と信州・信濃が微妙に使い分けされる長野県民の郷土意識が示されています。

■明治初期の大改革―廃藩置県―

古代以来の「信濃国」から長野県へ、行政単位が切り替えられたのは明治初年のことでした。伊那県に始まり、最終的に明治9（1876）年、長野県が公式の呼び方になったのです。にもかかわらず、「信濃」や「信州」が未だに私たちの頭から消えない。それどころか、むしろ

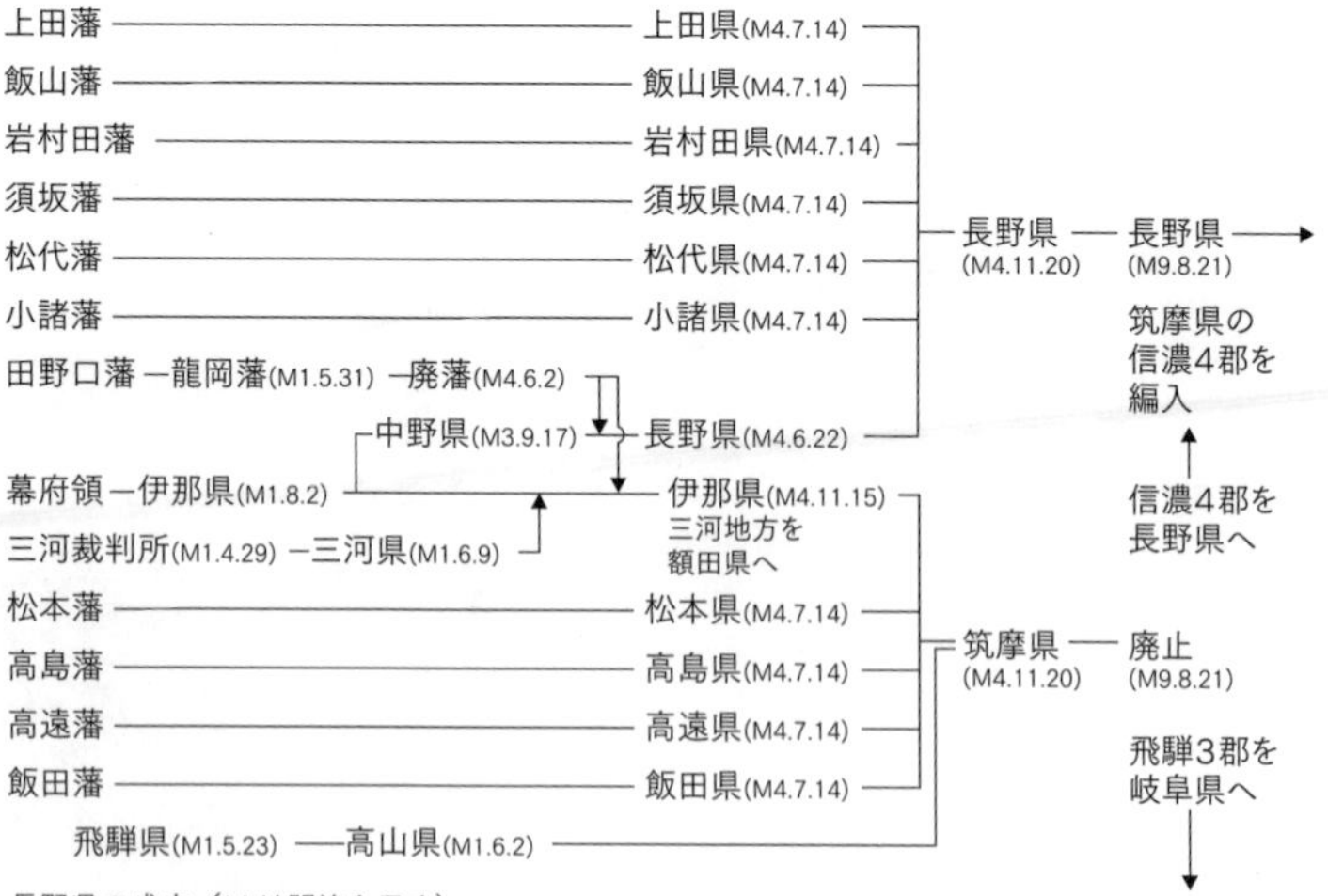

長野県の成立（M は明治を示す）

そちらのほうが親しみやすいといったほうがいいのです。それはなぜでしょう。

慶応3年10月14日（西暦1867年11月9日　以下明治5年まで旧暦）に行われた大政奉還をきっかけに、日本は近代国家へと歩み始めました。同年12月に「王政復古の大号令」を出して、新政府の発足を宣言。旧幕府勢力を平定する戊辰戦争を進めながら、新政府の基本方針「五箇条の御誓文」「五榜の掲示」の発布、新政府の政治組織を定めた「政体書」の公布と、わずか数カ月の間に矢継ぎ早に命令を出し、支配の基礎を固めていきます。江戸を東京と改め、慶応から明治へと改元し、天皇一代に1つの元号を用いることにするなど、天皇を中心とした支配体制の確立に務めました。

戊辰戦争の過程で、新政府の支配下に入った旧幕府領は府・県として直轄支配下に組み込まれました。一方、旧大名領は藩として新政府の下に組み込まれましたが、実態は江戸時代の大名支配そのものでした。そこで明治2年、版籍奉還により藩を地方行政機構の1つに位置づけ、さらに明治4年、廃藩置県を行い、府県を中心とするその後の日本の地方行政制度の基本を確定したのです。

■行政機関としての「長野県」の成立

新政府は慶応4年1月、天領と呼ばれてきた幕府領をすべて「天朝ノ御料」とし、朝敵各藩の所領とともに没収することを命じました。

信濃国内では2月、各藩が幕府から預っていた旧幕府領、御影陣屋、中之条陣屋、中野陣屋などの代官支配地や旗本知行地を接収して管轄することを尾張藩が命じられます。閏《うるう》4月に府・藩・県が地方支配をすることとなり、信濃では8月に伊那県を設置、伊那郡飯島の旧陣屋に県庁を置き、尾張藩はその任を解かれました。

一方、藩は諸大名に引き続き治めさせました。伊那県

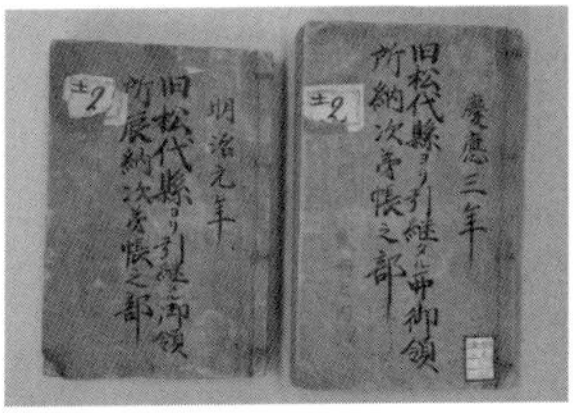

松代藩の引き継ぎ書類
（長野県立歴史館蔵）

明治初期の行政文書。
高遠県、松代県など多くの県名が見える
（長野県立歴史館蔵）

1県と江戸時代以来の14藩です。明治2年6月の版籍奉還で、藩も地方行政組織の1つとして位置づけましたが、世直し一揆が各地で起こるなど、県と藩がそれぞれの政治を行う体制は長続きしませんでした。

明治3年9月、伊那県から中野県を分け、中・南信分を伊那県が、東・北信分を中野県が管轄して、支配の強化を図りました。さらに明治4年6月、中野県の県庁を水内郡長野村に移し、長野県と改称しました。

そうしたなか、7月に廃藩置県の詔書が出され、全国では3府302県、信濃には伊那県・長野県を含め14県が成立します。ひとまとまりの領域を持った県にはまだ程遠い状態でしたから、同年11月、第一次統廃合が行われ、全国では3府72県、信濃では長野県と筑摩県（旧飛騨国を含む）の2県に統合されます。そして明治9年8月、内務省主導の大統廃合により筑摩県から飛騨分を岐阜県に、筑摩県は長野県に併合され、現在の「長野県」が誕生したのです。

長野県の範囲は信濃国（信州）とほぼ同じですが、それは初めから決まっていたことではなく、いわば偶然の積み重ねの結果だったのです。長野県の誕生がいかに大変な出来事であったかが分かります。

■「信州」が支える郷土意識

江戸時代の信濃は、松代藩・松本藩はじめ十余藩が分立し、そこに幕府領（代官支配地、預け地、旗本知行地）が細切れに組み込まれた複雑な所領構成になっていました。人々は、自分の居場所（住所）について、まず「自分は何という領主の支配下にいるのか」、次に「そこは何という国の何という郡の何と言う町・村なのか」という二重の表現が必要でした。

江戸幕府の支配が崩れた後の当初の府県は、旧幕府領をおおよそ国単位にまとめたもので、それ以外の旧大名所領は含まれていませんでした。「県」といってもあちこちに散在する旧幕府領の集まりで、一円的な領域を持ったものではなく、知事・判事などの職員を置いた、いわば役所に過ぎなかったのです。しかも、伊那県から始まり最後に長野県にたどり着くまでにさまざまな変遷がありました。

新たに置かれた「県」という組織が、いかにそれまでの国－郡－町・村という秩序を組み替えて、「県」に市民権を与えていくのか。それが大きな課題だったのです。

当時、県支配下の特定の町・村を表すためには、

「〇〇県管下〇〇国〇〇郡〇〇村」といった表記をして、1つの国の中のどこがその県の管轄なのかを示す必要がありました。長野県全体を示す地図でも、明治30年代まで「長野県管内信濃国全図」と記されましたから、「長野県」は「信濃国」を管轄する役所であるという意識だったのです。

明治の初め、複雑な過程を経て成立した「長野県」の県庁は水内郡長野村でした。村の名前が県の名前に採用されたことから、その名前が浸透するには長い時間と、「自分たちの県だ」という意識変化が必要でした。

長野県全体の地図の名称が「長野県地図」となり、住所を「長野県〇〇郡〇〇町・村誰々」と表現することが一般化するのは、実に明治時代も後期になってからです。それは、多くの人々に「長野県」が受け入れられるまでには、長い年月を要したことを示しています。

しかし、その過程では、県庁が北に寄り過ぎているとして県庁の移転や分県の議論も起きましたし、その後も県庁の所在地を巡る騒動が起きました。そうしたなかで、たびたび表面化した分県・移庁の危機を救ったのは、もともとここは「信濃国」であり「信州」なのだという意識でしょう。

今でも「信州」が県民の郷土意識を支えている歴史的背景にはこうした経緯があったのです。

（福島　正樹）

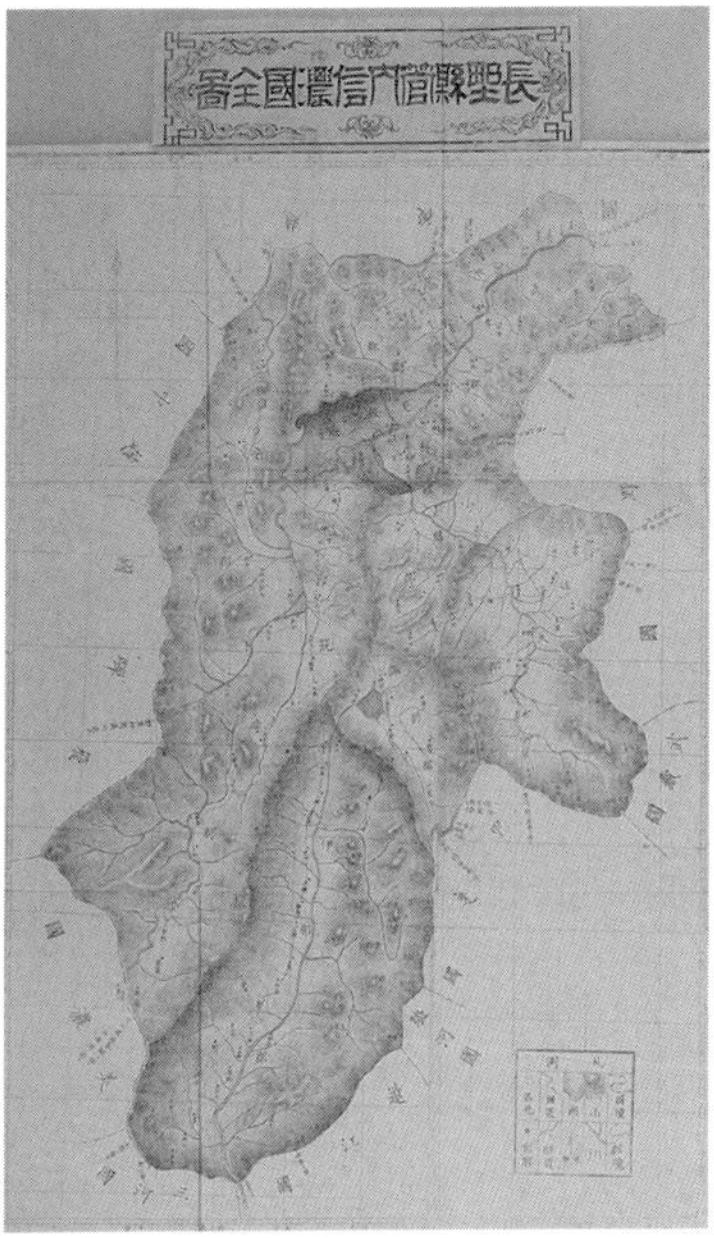

長野県管内信濃国全図（長野県立歴史館蔵）

あとがき

　私たちの暮らしには、先人たちが信州の特性を生かし編み出して、受け継いできた風習、習慣など、独自の文化が息づいています。「これは信州独自な文化だったのか」「なぜ、信州に根付いたのか」という何気ない疑問も、信州の歴史を調べることによって、その答えがわかります。また、信州の未来を語り、未来に歩んでいくにも信州の歴史を知り、学ぶことが大切です。

　長野県立歴史館は、信州の歴史に関する資料を収集、保存、調査研究し、展示、閲覧などによって県民の方々に公開しており、本書を執筆した職員が携わっています。

　皆さんが信州のことや、自分の住んでいる地域の歴史を調べたときにわからないことがあれば、歴史館に問い合わせてください。疑問の解決方法や資料の調べ方について、職員が丁寧にお答えします。

　最後に、本書を出版していただいた信濃毎日新聞社及び編集を一括して行っていただいた山崎紀子氏に感謝申し上げます。

　２０１８年３月

長野県立歴史館副館長兼管理部長　伊藤　靖

主な参考文献

赤羽篤『田切ものがたり』建設省中部地方建設局天竜川上流工事事務所（１９９８）／飯田市美術博物館『信州喫茶事始』（２００８）／『飯山市誌（歴史編・下）』（１９９５）／石野博信・岩崎卓也他編『古墳時代の研究６　土師器と須恵器』雄山閣（１９９１）／市川健夫『信州学大全』信濃毎日新聞社（２００４）／市川健夫・倉島日露子監修『信州の郷土食―ふるさとの味と食文化』銀河書房（１９８５）／伊藤友久「信州の劇場」『日本建築学会大会学術講演梗概集』日本建築学会（１９８３）他／伊藤正直・新田太郎編『ビジュアルＮＩＰＰＯＮ　昭和の時代』小学館（２００５）／岩井宏實・工藤員功他『絵引　民具の辞典』河出書房新社（２００８）／『上田市誌（歴史編12・近世の農民生活と騒動）』（２００３）／上田市立博物館『養蚕・製糸』（１９８１）／大原梨恵子『黒髪の文化史』築地書館（１９８８）／尾崎行也『〈江戸を生きる１〉近世銭勘定或問』八十二文化財団（２００８）／尾崎行也『〈江戸を生きる２〉風呂屋・髪結・祭礼踊』八十二文化財団（２００９）／尾崎行也『〈江戸を生きる14・15〉近世庶民の衣類（上・下）』八十二文化財団（２０１６・２０１７）／小谷村教育委員会『小谷民俗誌』（１９７９）／『麻績村誌（上巻＝自然編・歴史編）』（１９８９）／『開田村誌』（１９８０）／開田村教育委員会『木曽の麻衣』（１９７３）／加藤晋平・小林達雄他編『縄文文化の研究３～５　縄文土器Ⅰ～Ⅲ』雄山閣（１９９４）／金関恕・佐原眞編『弥生文化の研究３・４　弥生土器Ⅰ・Ⅱ』雄山閣（１９８６・１９８７）／『上高井誌（歴史編）』上高井教育会（１９６２）／『木祖村誌（源流の村の歴史・上＝古代・中世・近世編）』（２００１）／木祖村教育委員会『木曽のお六櫛　木祖村文化財調査報告書第２集』（１９７５）／『鬼無里村史』（１９６７）／木村茂光他編『日本生活史辞典』吉川弘文館（２０１６）／京都美容文化クラブ『日本の髪型』京都美容文化クラブ（２０００）／工藤雄一郎・国立歴史民俗博物館編『ここまでわかった縄文人の植物利用』新泉社（２０１４）／工楽善通『日本の原始美術３　弥生土器』講談社（１９７９）／黒岩正章「生産者

と消費者の思いが重なり合って発展する飯田・下伊那の和菓子生産」『長野』長野郷土史研究会（２０１２）／黒田龍二「善光寺の修正会と戒壇ならびに本堂の原形」『月刊文化財５０８』第一法規（２００６）／小泉武夫・横山タカ子『信州の発酵食』しなのき書房（２０１６）／後藤治『日本建築史』共立出版（２００３）／小林一郎「長野石油史再考」『長野』長野郷土史研究会（１９９４）／小林計一郎『善光寺さん』銀河書房（１９７３）他／小林謙一他編『縄文はいつから!?―地球環境の変動と縄文文化―』新泉社（２０１１）／小林達雄「縄文土器の世界」『日本原始美術大系１　縄文土器』講談社（１９７７）／小林達雄編『縄文土器大観１〜４』小学館（１９８８・１９８９）／坂井衡平『善光寺史（上・下）』大正堂（１９３０）／酒詰仲男「遺跡に於ける焚火、炉、竃、窯の区別に就いて」『貝塚第10号』小国民新聞社（１９３９）／桜町遺跡発掘調査団『桜町遺跡調査概報』学生社（２００１）／佐原眞編『日本の美術１２５　弥生土器』至文堂（１９７６）／佐原眞『縄文土器大成５　世界のなかの縄文土器』講談社（１９８２）／佐原眞編『弥生土器Ⅰ』ニュー・サイエンス社（１９８３）／澤頭修自『木曽開田高原』信濃路（１９７５）／『塩尻市誌（第２巻・歴史）』（１９９５）／信濃女性史刊行会『写真記録　信濃の女性史』郷土出版社（１９９４）／信濃史料刊行会『新編信濃史料叢書第10巻』（１９７４）／信濃毎日新聞社『長野県百科事典』（１９７４）／『下条村誌』（１９７７）／縄文プロジェクト実行市民会議「縄文」を識る部会『茅野市縄文ガイドブック増補改訂』茅野市教育委員会（２０１７）／信州地理研究会『長野県の自然とくらし』信濃毎日新聞社（２００２）／杉本好文『いにしえの里　小谷―姫川流域における史話―』信毎書籍印刷（１９８４）／『須坂市誌（第４巻・歴史編Ⅱ）』（２０１５）／関根真隆『奈良朝服飾の研究（本文編）』吉川弘文館（１９７４）／『喬木村誌（上・下）』（１９７９）／太刀掛祐輔『櫛の文化史』郁朋社（２００７）／田中圭子『日本髪大全』誠文堂新光社（２０１６）／田中啓爾『塩および魚の移入路―鉄道開通前の内陸交通―』古今書院（１９５７）／田中武夫編『信州味噌の歴史』長野県味噌工業協同組合連合会（１９６６）／田辺昭三『須恵器大成』角川書店（１９８１）／谷口康浩『古代史復元３　縄文人の道具「縄文土器の形と文様」』講談社（１９８８）／谷旬「古代東国のカマド」『千葉県文化財センター研究紀要７』千葉県文化財センター（１９８２）／中部電力株式会社長野営業所『長野に電燈が点いて八十年』信教印刷（１９７９）／辻誠一郎「日本列島の環境史」『日本の時代史１　倭国誕生』吉川弘文館（２００２）／堤隆『シリーズ〈遺跡を学ぶ〉９　氷河期を生き抜いた狩人・矢出川遺跡』新泉社（２００４）／陶山光雄「長野縣西筑摩郡開田村地方の麻織物」『信濃』信濃史学会（１９５３）／栃木県立博物館『野州麻　道具がかたる麻づくり』（２００８）／中澤弥子・三田コト「〈塩イカ〉〈煮イカ〉の伝承とその変容―日本海産イカの利用にみる長野県内の地域特性―」『日本食生活文化調査研究報告集18号』日本食生活文化財団（２００１）／『長野県史（通史編・民俗編・近世史料編）』（１９７４他）／長野県教育委員会『信州の民俗』第一法規出版（１９７０）／長野県教育委員会「信濃の民家」長野県文化財保護協会（１９７６）／長野県教育委員会・栄村教育委員会『栄村の民俗第1集』（１９７２）／長野県商工会女性部連合会編・武田徹監修『信州ふるさとの食材』ほおずき書籍（２００５）／長野県大麻協会『大麻のあゆみ』（１９６５）／長野県民俗の会『写真記録　信州に生きる上巻』郷土出版社（１９９３）／長野県立歴史館『〈信濃の歴史と風土５〉近現代の長野県と子どもたち』（１９９９）／長野県立歴史館『〈信濃の歴史と風土６〉衣―あむ・おる・きる―』（２０００）／長野県立歴史館『信州舞台物語』（２００５）／長野県立歴史館『木曽の宝』信毎書籍出版センター（２０１６）／長野県立歴史館『信濃国の城と城下町』（２０１６）／長野県立歴史館『長野県誕生！―古文書・公文書から読みとく―』（２０１７）／永原慶二『苧麻・絹・木綿の社会史』吉川弘文館（２００４）／中村生雄『日本人の宗教と動物観―殺生と肉食―』吉川弘文館（２０１０）／西田正規『定住革命　遊動と定住の人類史』新曜社（１９８６）／西山克己『シナノにおける古墳時代社会の発展から律令期への展望』雄山閣（２０１３）／日本のあかり博物館『あかり　国指定重要有形民俗文化財灯火具資料図録』（１９９７）／日本民具学会『日本民具辞典』ぎょうせい（１９９７）／祢津宗伸「大鑑清規と五山文学における喫茶の諸形態」『長野県立歴史館紀要第9巻』長野県立歴史館

（2003）／祢津宗伸『中世地域社会と仏教文化』法藏館（2009）／白馬村教育委員会『白馬村の民俗』（1986）／福田アジオ他『日本民俗大辞典（下）』吉川弘文館（2000）／藤森英二『シリーズ〈遺跡を学ぶ〉78　信州の縄文早期の世界・栃原岩陰遺跡』新泉社（2011）／古川貞雄他『図説長野県の歴史』河出書房新社（1988）／古川貞雄他『長野県の歴史』山川出版社（1997）／平凡社地方資料センター編『日本歴史地名大系第20巻（長野県）』（1979）／町田正三「〈長野石油会社〉顛末記」『長野』長野郷土史研究会（1975）／町田正三「〈長野石油会社〉顛末記2」『長野』長野郷土史研究会（1976）／松沢かね『織りへの誘い』（1996）／松前健「古代宮廷竈神考」『古代文化第25巻（第203号）』財団法人古代学協会（1973）／『美麻村誌（歴史編）』（2000）／宮本長二郎「台所空間の成り立ち」『日本の食文化9　台所・食器・食卓』雄山閣（1997）／村上信彦『服装の歴史』理論社（1990）／目黒吉明「住居の炉」『縄文文化の研究8　社会・文化』雄山閣（1995）／柳田國男『木綿以前』創元社（1940）／山口昌伴「台所という空間」『食の文化4　家庭の食事空間』有明印刷（1999）

長野県立歴史館とは

平成6(1994)年11月、考古資料、歴史的価値を有する文書、その他歴史資料等を収集・保存し、広く県民の利用に供し、その教養及び文化の振興に寄与する目的で開館しました。展示や情報を伝える博物館的機能を担う総合情報部門、埋蔵文化財を保存・公開する考古資料部門、行政文書・古文書を扱う文献史料部門の3部門からなります。

国史跡の森将軍塚古墳のふもと、「科野の里歴史公園」にある

1階は文書・遺物の収蔵や整理・保存などのスペース、200人収容の講堂、2階に常設展示室、企画展示室、閲覧室などがあり、屋外には「縄文の森」「万葉の野」「中世の林」が広がります。

「信濃の風土と人びとのくらし」をテーマにした常設展示のキャッチフレーズは、「みて、ふれて、体感して」。原始—八ケ岳のふもとにある国史跡の阿久遺跡をモデルにした「縄文のムラ」、中世—鎌倉時代の善光寺門前、近世—江戸時代前期の中農農家、近現代—六工製糸場(長野市松代町)の実物大復元展示は臨場感あふれます。

「長野県立歴史館展示案内」「長野県立歴史館展示資料目録」のほか、企画展図録、研究紀要、ブックレットなどの出版物、ピンバッチなどオリジナルグッズを販売するミュージアムショップもあります。

重要文化財の「長野県日向林B遺跡出土品」(後期旧石器時代、斧形石器・台形石器など)「長野県吉田川西遺跡土壙出土品」(平安時代、緑釉埦・皿など)「鳥羽院庁下文」(平安時代)、長野県宝の「動物装飾付釣手土器」「屋代遺跡群出土木簡」「大文字の旗」のほか、県埋蔵文化財センターから移管された発掘出土品、県内外から寄贈・寄託された古文書、明治以降の県庁文書(一部は長野県宝)など多数収蔵。年2回の企画展のほか、季節展、巡回展を開催。年間にわたって各種講演会・講座(出前講座を含む)やイベントを実施しています。

アクセス／しなの鉄道屋代駅または屋代高校前駅から徒歩25分。長野自動車道更埴ICから車5分。高速道路バス停「上信越道屋代」から徒歩5分

執筆・監修

笹本正治
Sasamoto Shoji　館長

1951年山梨県出身。77年名古屋大学大学院文学研究科博士課程前期修了。同大文学部助手を経て、84年信州大学人文学部助教授、94年同大教授。2009〜14年同大副学長。16年より現職。専門は16世紀を中心とする日本史学。
著書は『甲信の戦国史―武田氏と山の民の興亡』(ミネルヴァ書房)『中世の音・近世の音―鐘の音の結ぶ世界―』(講談社学術文庫)『災害文化史の研究』(高志書院、『山に生きる―山村史の多様性を求めて―』(岩田書院)など多数。

執筆（五十音順　歴史館での主な担当業務）

青木隆幸
Aoki Takayuki　学芸部長
総合情報課、考古資料課、文献史料課からなる学芸部の総括。下伊那郡喬木村出身。

畔上不二男
Azegami Fujio　総合情報課
展示(近世)、常設展示室の管理、ボランティアなど。小県郡丸子町(現上田市)出身。

天野早苗
Amano Sanae　総合情報課
展示(原始)、教育普及のサポートなど。上田市出身。

市川　厚
Ichikawa Atsushi　総合情報課
展示(古代・中世)、職場体験学習、県博物館協議会事務局など。本書の企画・制作の担当者。長野市出身。

伊藤友久
Ito Tomohisa　文献史料課
行政文書の閲覧・収集・保存・公開など。飯田市出身。

伊藤　靖
Ito Yasushi　副館長兼管理部長
館長補佐および管理部総括。長野市出身。

遠藤公洋
Endo Kimihiro　考古資料課
館蔵資料(木製品)の保存・修理・管理・公開など。長野市出身。

大竹憲昭
Otake Noriaki　総合情報課長
展示、教育普及、閲覧情報などの総括。本書制作の主管課長。東京都出身。

小野和英
Ono Kazuhide　総合情報課
展示(近世)、歴史情報提供システム、講座運営など。北安曇郡池田町出身。

白沢勝彦
Shirasawa Katsuhiko　考古資料課
館蔵資料(金属製品)の保存・修理・管理・公開など。上水内郡鬼無里村(現長野市)出身。

寺内隆夫
Terauchi Takao　総合情報課
展示(原始)、閲覧、図書資料収集、博物館実習など。大阪府出身。

中野亮一
Nakano Ryoichi　文献史料課長
行政文書や古文書の収集・保存・整理などの総括。佐久市出身。

西山克己
Nishiyama Katsumi　考古資料課長
遺物の収集・保存・整理などの総括。神奈川県出身。

原　明芳
Hara Akiyoshi　前総合情報課長
現安曇野市豊科郷土博物館職員。本書企画段階の主管課長。松本市出身。

福島正樹
Fukushima Masaki　文献史料課
行政文書の閲覧・収集・保存・公開など。松本市出身。

町田勝則
Machida Katsunori　考古資料課
考古資料の収集・保存・管理・閲覧など。群馬県出身。

溝口俊一
Mizoguchi Shunichi　総合情報課
展示(古代・中世)、広報、「お出かけ歴史館」事業など。長野市出身。

村石正行
Muraishi Masayuki　文献史料課
古文書の閲覧・収集・保存・公開、古文書講座、県史料協議会事務局など。須坂市出身。

山田直志
Yamada Naoshi　総合情報課
展示(近現代)、学校見学、体験イベントなど。中野市出身。

館内協力（五十音順）
市川美穂／黒岩豊和／越野哲雄／塚田智子／手島良子／徳嵩雄司／野上和美／林誠／原恵美／本藤直美／南澤麻美／宮入千恵子／宮下啓一

切り絵制作　長野県屋代南高等学校3年生および美術部
荒井秀雄毅/ 石坂日向子/ 石崎太一/ 北原梨奈/ 小林歩乃佳/ 田中大誠/ 玉城汐/ 中村采奈/ 橋本あかね/ 長谷川楓果/ 湯本彩美香

協力（五十音順）
赤羽宏文/ 阿智村役場協働活動推進課/ 飯島哲也/ 飯田市教育委員会/ 飯田市美術博物館/ 飯綱町教育委員会/ 飯山市小菅区/ 市川紀美子/ 開善寺/ 風間栄一/ 株式会社キラヤ/ 加村金正/ 木祖村教育委員会/ 北相木村教育委員会/ 北野建設株式会社/ 共立出版株式会社/ 熊谷元一写真童画館/ 黒岩正章/ 公益財団法人日本のあかり博物館/ 國學院大學博物館/ 国立国会図書館/ 佐久市観光協会/ 澤頭修自/ 澤田義幸/ 信濃毎日新聞社/ 信州黒姫高原ファミリーファーム/ 関澤義平/ 善光寺事務局/ 立野直緒/ 寺島徹/ 豊丘村教育委員会/ 長野県長野西高等学校同協会/ 長野県埋蔵文化財センター/ 中村八代子/ 南木曽町役場産業観光課/ 畑中広治/ 原村教育委員会/ 平林とし美/ 深澤太郎/ 山下水産有限会社/ 山下政美/ 山梨県立博物館/ 吉川清則/ 吉川水産株式会社

ブックデザイン　中沢定幸
編集　山崎紀子

日常生活からひもとく信州

信州を学ぶ◉足元を探る編

2018年3月31日　初版発行

編著者　長野県立歴史館
　　　　〒387-0007　千曲市屋代260-6
　　　　TEL026-274-2000 FAX026-274-3996
　　　　http://www.npmh.net/
発　行　信濃毎日新聞社
　　　　〒380-8546　長野市南県町657
　　　　TEL026-236-3377 FAX026-236-3096
　　　　https://shop.shinmai.co.jp/books/
印刷所　大日本法令印刷株式会社

ISBN978-4-7840-7323-8　C0021